Thiel

Gut leben trotz Nahrungsmittel-Allergie

Dr. med. Claudia Thiel

Gut leben trotz Nahrungsmittel-Allergie

- Wie der Arzt Ihre persönlichen Auslöser erkennt
- Viele Empfehlungen für jeden Tag
- Mit praktischer Lebensmittelkunde: Was ist wo drin?

TRIAS

Anschrift der Autorin:
Dr. med. Claudia Thiel
Deutsche Klinik für Diagnostik
Aukammallee 33
65191 Wiesbaden

Umschlaggestaltung:
Cyclus · D+P Loenicker, Stuttgart

Lektorat:
Uta Spieldiener

Die Deutsche Bibliothek –
CIP-Einheitsaufnahme

Thiel, Claudia:
Gut leben trotz Nahrungsmittel-Allergie : wie der Arzt Ihre persönlichen Auslöser erkennt ; viele Empfehlungen für jeden Tag ; mit praktischer Lebensmittelkunde; Was ist wo drin? /
Claudia Thiel. – Stuttgart : TRIAS, 1997

Fotos:
S. 10: WDV/Toncar, S. 26: WDV/Blümler,
S. 38: WDV/Gerlach, S. 46: WDV Stalter,
S. 50: WDV/Wagner, S. 66: WDV/Blümler,
S. 124: WDV/Toncar,
S. 170: WDV/Blümler, S. 174: WDV/Toncar,
S. 178: WDV/Toncar

Wichtiger Hinweis:
Wie jede Wissenschaft ist die Medizin ständigen Entwicklungen unterworfen. Forschung und klinische Erfahrung erweitern unsere Erkenntnisse, insbesondere was Behandlung und medikamentöse Therapie anbelangt. Soweit in diesem Werk eine Dosierung oder eine Applikation erwähnt wird, darf der Leser zwar darauf vertrauen, daß Autoren, Herausgeber und Verlag große Sorgfalt darauf verwandt haben, daß diese Angabe **dem Wissensstand bei Fertigstellung des Werkes** entspricht.
Für Angaben über Dosierungsanweisungen und Applikationsformen kann vom Verlag jedoch keine Gewähr übernommen werden. **Jeder Benutzer ist angehalten,** durch sorgfältige Prüfung der Beipackzettel der verwendeten Präparate und gegebenenfalls nach Konsultation eines Spezialisten festzustellen, ob die dort gegebene Empfehlung für Dosierungen oder die Beachtung von Kontraindikationen gegenüber der Angabe in diesem Buch abweicht. Eine solche Prüfung ist besonders wichtig bei selten verwendeten Präparaten oder solchen, die neu auf den Markt gebracht worden sind. **Jede Dosierung oder Applikation erfolgt auf eigene Gefahr des Benutzers.** Autoren und Verlag appellieren an jeden Benutzer, ihm etwa auffallende Ungenauigkeiten dem Verlag mitzuteilen.

Gedruckt auf chlorfrei gebleichtem Papier

Satz: Satz & mehr, D-74354 Besigheim
Druck: Druckhaus Götz, Ludwigsburg

ISBN 3-89373-404-X 1 2 3 4 5 6

Zu diesem Buch

Das Angebot zu Büchern über Nahrungsmittel-Allergien ist vielfältig; jedoch sind nicht alle empfehlenswert, Das vorliegende Buch soll keine Wiederholung des bereits mehrfach Beschriebenen sein. Vielmehr habe ich versucht, eine Lücke zu füllen in Form eines umfassenden Überblicks über alle Arten von Lebensmittelunverträglichkeiten: Nahrungsmittel-Allergien, Lebensmittel-Intoleranzreaktionen und pseudoallergische Reaktionen durch Zusatzstoffe.

Ein Schwerpunkt des Buches ist die genaue Beschreibung der verschiedenen Symptome, immer verbunden mit dem Hinweis darauf, daß auch eine andere Erkrankung dahinterstecken kann; viele Beschwerden sehen wie eine Allergie aus, sind aber oft keine.

Ein anderer großer Teil befaßt sich mit den Auslösern der Krankheit, also mit Lebensmitteln, Lebensmittelbestandteilen und Zusatzstoffen. Steckbriefe informieren Sie über ihr Vorkommen, ihre klinische Bedeutung und darüber, was im Falle einer Allergie gegen ein bestimmtes Nahrungsmittel beachtet werden sollte.

Den Lebensmittel-Zusatzstoffen und den biogenen Aminen ist jeweils ein sehr großes Kapitel gewidmet. Die Herkunft der zugelassenen Zusatzstoffe wird erläutert, verbunden mit dem Hinweis, ob und in welchem Maße sie Krankheiten auslösen können.

Vielfältige Nahrungsmittel und Nahrungsbestandteile dienen darüber hinaus auch noch anderen Zwecken: Sie finden z.B. Anwendung in Kosmetik, in Körperpflegeprodukten, in Medikamenten und Impfstoffen. Der Verzicht auf solche Produkte ist genauso wichtig wie das Meiden der Allergene in der Nahrung.

Der letzte Teil des Buches befaßt sich mit der Erstellung des täglichen Speiseplans. Dabei wird sowohl auf die Vermeidung der individuellen Auslöser, als auch auf das Grundkonzept der Ernährung eines Allergikers überhaupt eingegangen.

Auch auf die Möglichkeiten der Vorbeugung von Nahrungsmittel-Allergien bei Säuglingen und Kindern, die weit über die Ernährung hinausgehen, wird hingewiesen

Der individuelle Nutzen dieses Buches liegt darin, daß Ihnen als allergiekrankem Menschen geholfen wird, mit Ihrem individuellen Problem, mit Ihren Beschwerden und mit Ihren auslösenden Nahrungsmitteln besser umzugehen. Information ist alles.

Unbedingte Voraussetzung für den Gebrauch dieses Buches ist allerdings eine genau gestellte Diagnose, die mit einem allergologisch erfahrenen Arzt zunächst erarbeitet werden muß.

Ihre Claudia Thiel

Allgemeines zum Thema Allergien

Wir verstehen unter einer Allergie eine überschießende Abwehrreaktion des Immunsystems gegenüber zunächst nicht schädlichen, aber körperfremden Substanzen aus der belebten und unbelebten Umwelt (meist Eiweißstoffe aus Pflanze und Tier). Dabei kommt es zu unterschiedlichen Beschwerden, die man als klinisches Symptom bezeichnet.

Diese andersartige Reaktionslage oder auch die Bereitschaft des Immunsystems, auf eigentlich gesunde Stoffe aus der Umwelt mit Krankheiten zu reagieren, ist schon seit Jahrtausenden bekannt und somit keinesfalls eine Folge unserer modernen Industrie- und Konsumgesellschaft, was uns die Medien immer wieder gerne fälschlicherweise vermitteln möchten. Schon vor einigen tausend Jahren wurde in der Literatur über Insektengift-Allergien (Bienengift) berichtet. Der Urvater der Medizin, der Grieche Hippokrates, kannte schon 400 v. Chr. Menschen, die auf natürliche Lebensmittel Krankheiten entwickelten, und nannte diese andersartige Reaktionsweise »Idiosynkrasie«. Dahinter verbirgt sich eigentlich nichts anderes als unser heutiger Begriff der »Allergie«. Auch der griechische Arzt Galen beobachtete etwa 120 n. Chr., daß es Menschen gibt, die nach der Gabe von Medikamenten (die damals ausschließlich pflanzlichen Ursprungs waren) unerwartete Nebenreaktionen bekamen. Er nahm schon damals richtigerweise an, daß nicht das pflanzliche Medikament das Problem sei, sondern die Beschaffenheit des einzelnen Menschen, der es nicht vertragen hatte.

In dem Buch »Geschichte der Allergie« (von Hans Schadewaldt, Dustri-Verlag) kann die spannende Entwicklung dieser medizinischen Disziplin nachgelesen werden.

Auch im 17. und 18. Jahrhundert gibt es sehr subtile Beschreibungen über Allergien durch Nahrungsmittel, die wir heute noch verzehren. Dort wird unter anderem über Allergien durch Brot, Leinsamen, Früchte, Milch und Hühnerei berichtet. Auch die klinischen Symptome haben sich kaum geändert.

Auch über den Heuschnupfen wurde schon vor hunderten von Jahren berichtet. Je nach Saison wurde er als Frühsommerkatarrh, Sommerkatarrh oder Spätsommerkatarrh bezeichnet. Zu diesem Zeitpunkt glaubte man noch, daß der Heuschnupfen durch irgendwelche Erreger auf den Pflanzen ausgelöst würde. Der Mediziner Charles Blackley war der erste, der Mitte des 19. Jahrhunderts durch Eigenversuche (er litt selbst an Heuschnupfen) zeigen konnte, daß der Blütenstaub ursächlich ist. Er führte auch den ersten Hauttest mit frischen Pollen, die erste Nasenschleimhautprovokation und den ersten inhalativen Provokationstest durch. Zu Beginn des 20. Jahrhunderts wurde sehr intensiv über Allergien geforscht, und der Begriff »Allergie« wurde auch schon zu dieser Zeit geprägt.

Warum reagieren manche Menschen allergisch?

Eine Allergie muß also als »Irrtum der Natur« betrachtet werden: Es gibt Menschen, die Stoffe aus der belebten und unbelebten Natur nicht vertragen können. Vermutlich sind die Allergien so alt wie das Immunsystem selbst, welches verantwortlich zeichnet für die allergischen Reaktionen. Keinesfalls handelt es sich bei allergischen Erkrankungen um eine Schwäche des Immunsystems, auch wenn dies immer wieder propagiert wird. Aus diesem Grunde sind auch Therapieversuche, das Immunsystem zu stärken, nicht sinnvoll, da das Immunsystem des Allergiekranken in der Regel sehr leistungsfähig ist. Das äußert sich auch darin, daß Allergiekranke nach Infektionskrankheiten eine sehr gute Abwehr erwerben, auch zum Beispiel leicht überimpft werden können; der Impfschutz reicht oft länger als bei Nichtallergikern.

Allergien sind also nicht verbunden mit einem tiefgreifenden Immundefekt, sondern sind zu verstehen als überschießende Abwehrreaktionen des Körpers auf fremde Substanzen: auf Nahrungsmittel, Blütenstäube, Tierhaare, Hausstaubmilben und vieles andere mehr. Auch das Asthma des Bäckers durch Mehlstaub ist hier einzuordnen. Diese überschießende Abwehrreaktion wird durch die Bildung von Antikörpern gegen natürliche Stoffe verursacht. Aus dem Blickwinkel von »Gesundheit« macht das eigentlich keinen Sinn, da Antikörper gegen diese uns täglich begleitenden Stoffe dazu führen, daß Menschen erkranken. Wir verzehren im Leben einige 1000 Tonnen Nahrungsmittel, Lebensmittelbestandteile und Genußmittel, doch nur ein kleiner Teil der Menschheit wird allergisch.

Der Faktor Veranlagung

Voraussetzung für viele Menschen, eine allergische Erkrankung zu bekommen, ist eine ererbte Fähigkeit, Antikörper zu bilden. Man spricht von einer Disposition. Diese Disposition bedeutet aber nicht, daß jeder erkranken muß, auch wenn er die Veranlagung dazu hat. Vergleichbar wäre dies mit Familien, in denen die Zuckerkrankheit gehäuft auftritt, aber nicht jeder erkrankt. Bei etwa 70 % der Patienten kann man bereits im ersten Gespräch erkennen, ob diese erbliche Neigung vermutlich vorhanden ist oder nicht, wenn man sich über die Familienkrankengeschichte informiert.

Der Faktor Exposition

Eine Disposition genügt also nicht, allergische Erkrankungen zu bekommen. Unbedingte Voraussetzung für eine Antikörperbildung ist darüber hinaus auch die sogenannte Exposition, das heißt man muß auch mit einer Substanz Kontakt gehabt haben. In der Regel benötigt man mindestens 11 Tage, um Antikörper gegen einen bestimmten Stoff aufzubauen. In der Regel dauert es aber wesentlich länger, bis jemand dann auch klinisch erkrankt, also unter Beschwerden leidet. Beispielsweise ist es meist so, daß man ein Tier, etwa eine Katze oder einen Hund, jahrelang in der Wohnung hält, um dann plötzlich ein Asthma oder einen Schnupfen durch das Tier zu bekommen. Die Patienten sind darüber immer sehr erstaunt, weil sie davon ausgehen, daß sie keine Tier-Allergie erwerben können, wenn ein Tier schon länger im Haushalt ist. Gerade dies ist der Irrtum! Die Exposition und die Zeit spielen hier eine erhebliche Rolle. Anders ausgedrückt bedeutet dies aber auch, daß man gegen eine absolut neue Substanz gar nicht sofort allergisch reagieren kann.

Der Gedanke, daß etwa eine Nahrungsmittelallergie durch einen völlig neuen Stoff ausgelöst wurde, ist also grundlegend falsch. Es ist immer eine Substanz, mit der man schon länger zu tun hatte. Es ist auch nicht »das Besondere« worauf man reagiert, sondern es sind ganz natürliche Stoffe, die beim einen oder anderen Patienten eine allergische Reaktion auslösen. Unsere Nahrungsmittel wie Getreide, Kuhmilch, Fleisch, Fisch, Früchte, Gemüse, Kräuter oder Gewürze sind ja nichts besonderes, sondern das Alltägliche. Substanzen, die Allergien auslösen können, nennt man Allergene.

Wann bricht die Erkrankung aus?

Hat jemand eine Disposition, also eine ererbte Fähigkeit, allergisch zu reagieren, und hat derjenige auch lange genug Kontakt gehabt (was im Einzelfall unterschiedlich lange dauert), dann kann der Organismus Antikörper gegen den einen oder anderen Stoff bilden. Dieser Umstand der Sensibilisierung läßt sich in der Regel mit einem Allergie-Hauttest oder Bluttest nachweisen. Zu diesem Zeitpunkt muß der Betroffene aber noch keinerlei Beschwerden, also Krankheitszeichen, verspüren. Wann ein Mensch klinisch krank wird, das heißt wann das Symptom ausbricht (zum Beispiel ein Heuschnupfen oder Magen-Darm-Beschwerden), ist von vielfältigen anderen Faktoren gleichermaßen abhängig, zum Beispiel von der Menge der Allergenzufuhr.

Gar nicht selten kommt eine allergische Erkrankung dann zum Ausbruch, wenn eine Begleiterkrankung als fördernder, sogenannter konditionierender Faktor, hinzutritt. Ein allergisches Asthma gegen Blütenstaub tritt mitunter dann ein, wenn jemand einen bronchialen Infekt hat, der gerade in den Beginn der Pollensaison fällt; dann läuft der Eimer offenbar über. Der Bronchialinfekt schädigt die Schleimhaut, so daß Pollenallergene offenbar leichter und schneller eindringen können. Dies ist dann der Zeitpunkt des ersten Symptoms. Auch Magen-Darm-Infekte können gelegentlich Wegbereiter einer erstmals auftretenden Magen-Darm-Allergie durch Lebensmittel sein. Viele Begleitumstände, die den Organismus vorübergehend schwächen (zu wenig Schlaf, psychischer Streß und vieles andere mehr), können solche Wegbereiterfunktion einnehmen. Auch die Stärke der Sensibilisierung, also die Masse der Antikörper zu einem bestimmten Zeitpunkt, ist dann für den Patienten entscheidend, ob er erkrankt oder noch nicht.

Es gibt viele Menschen, die einen positiven Hauttest auf bestimmte Allergene haben, aber nie krank werden. Der positive Hauttest kann Ausdruck einer vergangenen allergischen Erkrankung sein, er kann eine aktuelle Erkrankung anzeigen, aber auch Vorbote einer eventuell später möglichen Erkrankung sein. So gibt es Menschen, bei denen man einen Hauttest mit Pollen auslösen kann, der Heuschnupfen selbst tritt aber erst einige Jahre später unter bestimmten Bedingungen ein.

Der folgende Kasten faßt nochmal die wichtigsten gerade erwähnten Begriffe zusammen.

Wichtige Begriffe zur Allergie

Disposition:	ererbte Fähigkeit, Antikörper zu bilden
	nicht jeder Mensch erkrankt
Exposition:	Das Einwirken, z. B. der Verzehr oder das Einatmen des Stoffes, ist eine wesentliche Voraussetzung zur Antikörperbildung
	nicht jeder, der disponiert und exponiert ist, erkrankt
Sensibilisierung:	eine Antikörperbildung ist im Test nachweisbar
	nicht jeder sensibilisierte Mensch erkrankt
Allergische Erkrankung:	Ausbruch des Symptoms

Wie entsteht eine Nahrungsmittel-Allergie?

Zu den Faktoren, die die Entstehung einer Nahrungsmittel-Allergie begünstigen (siehe untenstehenden Kasten) gehört also in vielen Fällen eine ererbte Neigung (eine genetische Disposition), das heißt die Bereitschaft, auf natürliche Stoffe Antikörper zu bilden. Darüber hinaus wird die *zu frühe* Zufuhr möglicher allergieauslösender Stoffe (Antigene) im Säuglings- und Kleinkindalter ebenso für eine spätere allergische Erkrankung verantwortlich gemacht. Auch eine erhöhte Aufnahme dieser Stoffe, das heißt eine Allergenüberladung, spielt eine Rolle. Das heißt, daß ein Kind mit ererbter Neigung, einer zu frühen Antigenzufuhr und mit einer Überladung mit Allergenen ein größeres Risiko hat als ein Kind, bei dem dies nicht der Fall ist. Auch eine wiederholte Antigengabe in nur geringen Mengen kann bei entsprechender Neigung die Allergiebereitschaft verstärken.

Letztendlich wird bei Allergikern eine Regulationsstörung bestimmter Zellen des Immunsystems, der sogenannten T-Zellen, diskutiert. Sie haben möglicherweise einen Einfluß darauf, daß die bei fast allen Menschen einsetzende Toleranz nicht im ausreichenden Ausmaß eintritt. Im Kasten sind diese Faktoren nochmals aufgelistet.

Unter Toleranz verstehen wir, daß ein Mensch, der mit körperfremden Lebensmitteln nach dem Abstillen ernährt wird (z.B. mit Kuhmilch), in der Regel bestimmte Stoffe bildet (sogenannte IgG-Antikörper, siehe S. 19ff.), die später die Kuhmilch nicht mehr als fremd, sondern verträglich erkennen.

Faktoren, die die Entstehung einer Nahrungsmittel-Allergie begünstigen

1. eine ererbte Neigung (genetische Disposition)
2. eine zu frühe Antigenzufuhr
3. eine erhöhte Antigenaufnahme durch Allergenüberladung
4. eine geringe, wiederholte Antigengabe
5. eine Regulationsstörung bestimmter T-Zellen (T-Lymphozyten, Suppressorzellen)
6. auslösende Faktoren, z.B. Magen-Darm-Infekt
Virusinfekt der Atemwege
Säuremangel des Magen-Darm-Kanals u.v.a.

Wie häufig sind Nahrungsmittel-Allergien?

Heute geht man davon aus, daß insgesamt ca. 5 bis 7 % der Erwachsenen an einer Nahrungsmittel-Allergie leidet, aber »nur« bei 3 % die Beschwerden so stark sind, daß sie deshalb einen Arzt aufsuchen und behandelt werden. Unverträglichkeiten von Zusatzstoffen, die sogenannten Pseudo-Allergien, sind mit einer Häufigkeit von 0,3 bis 1 % in der Bevölkerung weitaus seltener.

Das Auftreten von Allergien gegen ein bestimmtes Nahrungsmittel steigt parallel zur Häufigkeit des Verzehrs an. So ist bei Kindern das häufigste Nahrungsmittel-Allergen die Kuhmilch; in dem Maße, wie die kindliche Ernährung immer mehr der der Erwachsenen angeglichen wird, steigt auch die Rate der Allergien gegen pflanzliche Nahrungsmittel an. Je nach Altersgruppe sind 2 bis 7 % der Kinder gegen Kuhmilch allergisch, bei mehr als 90 % der Kinder verliert sich die Kuhmilch-Allergie jedoch wieder nach dem 8. Lebensjahr.

Etwa 12 bis 16 % aller Menschen in Europa leiden unter Heuschnupfen; sie sind somit die größte Allergikergruppe. Ein nicht geringer Anteil der Patienten reagiert auch gegen pflanzliche Nahrungsmittel allergisch (siehe Kapitel »Kreuzreaktionen bei Pollen-Allergikern« ab S. 153).

Die folgende Tabelle zeigt die Ergebnisse einer Studie an 497 erwachsenen Nahrungsmittel-Allergikern. Diese Zahlen zu Häufigkeiten von Allergien gegen bestimmte Nahrungsmittel lassen sich auf die gesamte Bevölkerung übertragen.

Tabelle 1 Sensibilisierung gegen Nahrungsmittel-Allergene bei 497 erwachsenen Patienten in Prozent (nach Thiel, 1988)

Nahrungsmittel-Allergene	Zahl der Patienten in %
Kräuter und Gewürze	27
Nüsse, Samen	19
Obst	16
Getreide, Malz	12
Gemüse, Hülsenfrüchte	10
Kuhmilch, Fleisch	7
Hühnerei, Geflügel	5
Fisch, Schalentiere	1

Anmerkung: Allergietests wurden mit Rohmaterial durchgeführt. Sensibilisierung bedeutet: positiver Test; er ist nicht immer auch mit klinischer Krankheit bei Verzehr verbunden.

Warum sind Nahrungsmittel-Allergien heute häufiger als früher?

Jeder Naturstoff, auch in geringen Mengen, könnte rein theoretisch beim einen oder anderen Menschen zu einer Sensibilisierung, also zur Bildung von Antikörpern führen. Je größer die Allergenzufuhr ist, um so höher wird das Risiko, daß dieser Mensch auch tatsächlich an einer Allergie erkrankt. Unsere moderne Konsumgesellschaft ernährt sich vom Teller der ganzen Welt. Das Ernährungsrepertoire ist unglaublich breit, wir können fast alles kaufen. Wir verzehren von Tag zu Tag auch unglaublich viel an unterschiedlichen Lebensmitteln, Bestandteilen und auch Zusatzstoffen. Hier liegt einer der Gründe dafür, daß wir vermehrt mit Nahrungsmittel-Allergien zu tun haben, auch wenn sie schon seit Jahrtausenden bekannt sind. Der Allergiker würde also gut daran tun, auf die Vermeidung einer Allergenüberladung zu achten. Dies gilt nicht nur für den Bereich der Nahrungsmittel-Allergene, er umfaßt auch im weitesten Sinne beispielsweise die Kosmetik und Körperpflege, die überaus reich an möglichen Allergenen ist. Ein Organismus kann nicht nur auf dem Wege der Inhalation (z.B. Einatmen von Hausstaubmilben), sondern auch über die Haut (perkutan) und über die Nahrung (oral) sensibilisiert werden.

Die Ernährungsgewohnheiten haben sich verändert

Schauen wir uns einmal die Ernährungsgewohnheiten der Urmenschen an, die vor tausenden von Jahren gelebt haben. Ihr Grundrepertoire von Nahrungsmitteln bestand aus 13 Pflanzen, bei den Jägern und Sammlern kam noch Fleisch mit einem Anteil von etwa bis zu 20 % zur täglichen Nahrung hinzu. Diesen Menschen standen überhaupt nur 100 Lebensmittel zur Verfügung, und die verzehrten sie nicht täglich. Vergleicht man dies mit unserem heutigen Repertoire, so sind wir weit über 13 Grundnahrungsmittel hinausgewachsen: Zählt man die einzelnen Bestandteile unserer Nahrung zusammen, dann verzehren wir pro Tag weit über 100 Substanzen. Wir nehmen an einem einzigen Tag so viele verschiedene Stoffe zu uns, wie die frühen Hominiden das ganze Jahr über gelegentlich zur Verfügung hatten.

Hier spielt speziell also auch unsere Ernährungsform eine Rolle, bei der wir uns aus der ganzen Welt ernähren und heute viele Früchte, Nüsse, Getreidearten, Gewürze und Kräuter auf den Tisch kommen, die wir aus dem Ausland beziehen. Wir ernähren uns also nicht mehr ortsständig, was ganz wesentlich zum gehäuften Auftreten von Allergien durch Lebensmittel beiträgt. Ein weiterer Punkt betrifft den Umstand, daß wir bestimmte Lebensmittel, die früher nur saisonweise verzehrt wurden, jetzt von Januar bis Dezember konsumieren können. Das Immunsystem wird dadurch ständig mit Nahrungsmittel-Allergenen in größeren Mengen belastet und herausgefordert, zu Abwehrreaktionen zu greifen. Da sich insbesondere unsere pflanzliche Ernährungspalette erweitert hat, geht die Zunahme allergischer Reaktionen hauptsächlich zu Lasten pflanzlicher Nahrung. Die Ernährungspalette im tierischen Bereich hat sich nicht wesentlich erweitert; hier sind kaum neue potentielle Allergene hinzugekommen.

Auch ein übermäßiger Verzehr von bestimmten Lebensmitteln kann bei entsprechend erblich vorbelasteten Menschen häufiger zu Allergien führen, als wenn diese Nahrungsmittel nur gelegentlich verzehrt werden würden. Wenn jemand beispielsweise die Neigung zur Hühnerei-Allergie hat, würde er durch eine längerfristige sogenannte »Kartoffel-Ei-Diät« mit dem Verzehr von 4–6 Eiern und mengenweise Kartoffeln pro Tag sehr schnell sein Risiko erhöhen, gegen Hühnerei allergisch zu werden, im Gegensatz zu demjenigen, der nur einmal in der Woche ein Frühstücksei verzehrt.

Berufsallergien

Diese hohe Allergenbelastung ist auch ursächlich für manche Berufsallergien. Der Bäcker, der vielleicht die Neigung zur Pollen-Allergie hat, also evtl. gegen Gras- und Getreidepollen allergisch reagieren könnte, wird mit Sicherheit gegen Mehlstaub (Getreidestaub) allergisch werden, wenn er ein Leben lang 8 Stunden pro Tag im Mehlstaub arbeiten und diesen ständig inhalieren muß. Im Sinne der Vorbeugung bedeutet dies auch, daß manche Berufe für Allergiker eher ungeeignet sind (bei Tier-Allergikern wäre der Beruf des Tierarztes oder des Tierpflegers sicher ungünstig und risikoreich). Bei dem Hausstaubmilben-Allergiker wäre der Beruf des Polsterers wegen der Hausstaubmilbenbelastung über ein ganzes Arbeitsleben hinweg sicherlich fatal.

Der Beruf kann also für Allergiker mit Problemen verbunden sein, insbesondere Berufe in der Lebensmittelindustrie. Bei Köchen z.B. kann es durch den permanenten Kontakt zu bestimmten Lebensmitteln über die Haut zu allergischen Reaktionen kommen. Atemwegsreaktionen sind beispielsweise bei der industriellen Herstellung von Eipulver und Milchpulver bekannt. Allerdings sind diese Berufe wesentlich sicherer geworden, da heutzutage vieles in geschlossenen Systemen sehr staubarm bearbeitet wird. Diese technischen Vorteile gibt es allerdings nicht für alle Berufe, zum Beispiel nicht für Obst- und Getreidebauern.

Was passiert bei einer Allergie im Körper?

Allergische Reaktionen spielen sich überwiegend an den Grenzflächen zur Umwelt ab, beispielsweise an der Haut, den Atemwegen und dem Magen-Darm-Kanal. Diese Grenzflächen sind ganz besonders abwehrintensiv, denn hier wird die Unversehrtheit des Organismus gegenüber Fremdeinwirkungen aller Art gewährleistet. Ein Beispiel ist die Besiedlung des Magen-Darm-Kanales, der Bronchien und der Haut mit bestimmten Keimen, die uns vor anderen, nämlich den krankmachenden Mikroorganismen, schützen. Der keimfreie Mensch würde sofort krank werden und kurzfristig sterben. Hier liegt der Schutz für den Menschen in der guten Abwehrreaktion dieser Grenzflächen, beispielsweise im Schutz vor Infektionskrankheiten durch krankmachende Bakterien und Viren. In diesen Grenzflächen zur Umwelt spielen sich auch die meisten allergischen Erkrankungen ab: der Schnupfen, die Bindehautentzündung, das Asthma, das Ekzem, die Neurodermitis, Urtikaria (Nesselfieber), Quincke-Ödeme (Schwellungen der Haut) und Magen-Darm-Allergien.

Die Mitspieler bei einer Allergie

Die wichtigsten Mitspieler unseres Abwehrsystems sind jedoch die Lymphozyten, die kleinsten Vertreter der weißen Blutkörperchen. Sie werden im Knochenmark, beim Kind in der Thymusdrüse gebildet, die hinter dem Brustbein liegt. Sie sind nun in der Lage, je nach Anforderungen, die sich dem Körper stellen, gegen fremde Eindringlinge, z.B. Bakterien oder auch gegen fremdgewordene körpereigene Strukturen, vorzugehen und diese zu vernichten. Aber auch bei der Allergie spielen sie die entscheidende Rolle.

Nehmen wir einmal an, ein Mensch mit einer genetisch bedingten Neigung zu Allergien verzehrt eine an sich harmlose Substanz, z.B. ein Ei. Es findet also die Exposition statt, von der schon auf Seite 13 die Rede war, und die neben einer Veranlagung immer für die Entstehung einer Allergie notwendig ist. Der Körper nimmt diesen »Eindringling« aber nicht als bekannt und harmlos, sondern als »fremd« wahr. Warum das so ist, haben Sie auf Seite 12 gelesen. Das Ei oder Teile daraus werden als Allergene oder auch Antigene vom Körper wahrgenommen. Nach diesem Kontakt beginnt der Körper nun, bestimmte Eiweißmoleküle als Abwehrstoffe gegen die Antigene des Eies zu bilden. Man nennt sie Immunglobuline. Es gibt verschiedene Immunglobuline, die man kurz als Ig bezeichnet. Der für die Allergie wichtigste ist das IgE. Der Prozeß der Sensibilisierung ist nun in Gang gesetzt.

Wie Sie schon erfahren haben, kann es sehr unterschiedlich lange dauern, bis der Mensch, der das Ei gegessen hat, nun auch tatsächlich krankmachende Symptome bemerkt. Die Bildung von Antikörpern allein reicht dazu noch nicht aus. Die Sensibilisierung bedeutet aber, daß der Körper sich das Aussehen des Allergens des Eies gemerkt hat und bei einem weiteren Kontakt nun sofort reagieren kann.

Warum prägen sich nun die für allergische Erkrankungen so typischen Symptome aus? Hier kommen zwei weitere Arten von Blutzellen ins Spiel, und zwar die Plasmazellen und die Mastzellen. Beide zählen zu den weißen Blutkörperchen. Plasmazellen sind diejenigen Bestandteile unseres Immunsystems, die die IgE-Antikörper bilden. Diese setzen sich an der Oberfläche der Mastzellen fest. Im Inneren tragen die Mastzellen Botenstoffe, sogenannte Mediatoren; der bekannteste ist das Histamin. Wenn nun ein Allergen, bleiben wir bei dem Ei, auf zwei IgE-Antikörper für Ei trifft, dann ist dies das Signal für die Mastzellen, die in ihr gespeicherten Botenstoffe freizusetzen. Und die lösen schließlich an den unterschiedlichen Organsystemen die allergischen Erkrankungen aus.

Bei einer Atemwegsallergie kommt es zur Schwellung der Bronchialschleimhaut, zur krampfartigen Verengung der Bronchien und zu einer vermehrten Schleimabsonderung. Diese verschiedenen Vorgänge führen zu Husten, Atemnot und Verschleimung. Im Magen-Darm-Kanal führt die Freisetzung von Histamin zur Schleimabsonderung, zu Schwellungen der Schleimhaut in seinen verschiedenen Etagen, zu krampfhaften Schmerzen, Durchfällen, Übelkeit oder Erbrechen. An der Haut kommt es zu Schwellungen im Sinne von Nesselfieber (Urtikaria). Bei Kontaktallergien kommt es durch Auftreffen von Allergenen auf die Haut zu Juckreiz, Hautrötungen und Schuppungen (Ekzeme).

Die verschiedenen Allergietypen

Allergien an unterschiedlichen Organsystemen, z.B. an der Haut, an den Atemwegen oder am Magen-Darm-Trakt, lassen sich 6 verschiedenen Allergietypen (Typ I bis VI) zuordnen, die hier kurz erwähnt werden sollen. Die genannten Symptome werden ab Seite 27 erklärt.

- Die für uns wichtigste Reaktion ist der Typ I, die sogenannte IgE-vermittelte Reaktion. IgE-Antikörper sind verantwortlich für das Entstehen des anaphylaktischen Schocks, des allergischen Schnupfens, der Bindehautentzündung, des Asthmas, des Nesselfiebers (Urtikaria) und für die Magen-Darm-Allergien. Man spricht auch von Sofort-Typ-Reaktionen, da sie in der Regel innerhalb von 20 Minuten nach der Exposition erfolgen. Es kann aber zu erheblichen Verzögerungen dadurch kommen, daß manche Nahrungsmittel erst im Dünn- oder Dickdarm aufgenommen werden und auch erst dort wirken. Hier gibt es Latenzzeiten von 1 bis maximal 24 Stunden. Manche Sofort-Typ-Reaktionen, z.B. das Nesselfieber und das Quincke-Ödem (Schwellungen der Haut), treten erst innerhalb von 6 bis 8 Stunden auf.

- Die Typ-III-Reaktion ist dadurch gekennzeichnet, daß nicht IgE, sondern Antikörper der Klasse IgG beteiligt sind. Die Antikörper treten auch zum Teil gebündelt in Form von Immunkomplexen auf. Auch hier kann es zu anaphylaktischen Reaktionen kommen, zu allergischen Reaktionen anderer Organsysteme wie beispielsweise der Nieren, der Gelenke und der Blutgefäße der Haut. Typ-III-Reaktionen sind bei Nahrungsmittel-Allergien allerdings eine Seltenheit.
- Die Typ-IV-Reaktion spielt sich an Zellen des Hautgewebes ab. Hier sind Kontaktallergien sowie Arzneimittelreaktionen der Haut einzuordnen. Sie treten meist nach 48 Stunden in Erscheinung.
- Reaktionen vom Typ II, V oder VI sind im Zusammenhang mit Nahrungsmittel-Allergien nicht bedeutsam.

Bei den meisten Allergikern ist ein einziger Allergietyp für die Reaktion verantwortlich. Am häufigsten tritt der IgE-Typ, also der Typ I auf. Zuweilen kommt es aber auch vor, daß ein Mensch sowohl unter einer Typ-I- als auch unter einer Typ-IV-Reaktion leidet. Verzehrt er das Nahrungsmittel, dann hat er mit Magen-Darm-Beschwerden, mit Husten und Atemnot, Bindehautentzündungen oder Nesselfieber zu rechnen, die Typ-IV-Reaktion kann ihm aber auch eine Kontaktallergie an den Händen bereiten, wenn er das Nahrungsmittel bei der Zubereitung berührt.

Allergie oder Intoleranz?

Alle auf den letzten Seiten genannten Abläufe sind Immunreaktionen, d.h. es werden Antikörper (Immunglobuline) gegen spezifische Allergene gebildet. Man spricht von einer Allergie. Dennoch ist nicht jede krankmachende oder belästigende Reaktion, die in Zusammenhang mit dem Verzehr eines Nahrungsmittels steht, auch automatisch eine Allergie. Und um diese Reaktionen soll es auf den nächsten Seiten gehen.

Der folgende Kasten listet andere krankmachende Reaktionen auf und erläutert in diesem Zusammenhang wichtige Begriffe.

Krankmachende Reaktionen durch Lebensmittel bzw. -bestandteile

Empfindlichkeit:	normale Sensibilität gegenüber normalen Reizen
Überempfindlichkeit:	eine das normale Maß übersteigende Reizbeantwortung, dies könnte beispielsweise die Unverträglichkeit von Kaffee (er hat Drogenwirkung) sein; nicht jeder verträgt viele Tassen Kaffee
Vergiftung:	Der lateinische Begriff ist Intoxikation. Es handelt sich hier um eine schädliche Einwirkung pflanzlicher, tierischer, chemischer und bakterieller Giftstoffe auf einen Organismus. Wenn auch gleich die Empfindlichkeit gegenüber Giften verschiedener Personen je nach Konstitution unterschiedlich ist, so sind jedoch Gifte für alle Menschen in gleicher Weise mehr oder weniger schädlich und führen zu Erkrankungen (z.B. bei der Salmonellenvergiftung).
Sensibilisierung:	eine verstärkte Empfindlichkeit nach wiederholten Kontakten zu bestimmten Stoffen, auch Lebensmitteln; dabei werden Antikörper gebildet
Allergie: (alte Bezeichnung: Idiosynkrasie)	ist die erworbene, krankmachende Überempfindlichkeit durch immunologische Vorgänge, beispielsweise eine Antikörperbildung gegen Lebensmittel und Bestandteile; es kommt zu einer sogenannten Antigen-Antikörper-Reaktion; das Antigen stammt aus dem Lebensmittel, der Antikörper wird im eigenen Organismus gebildet; meistens handelt es sich um IgE-Antikörper; diese Reaktionen bewirken eine Freisetzung bestimmter Stoffe (z.B. Histamin), was dann zu verschiedenen Krankheitssymptomen an Organen führen kann (Schnupfen, Husten, Atemnot, Nesselfieber u.a.)

Pseudo-Allergie Intoleranz: krankmachende Überempfindlichkeit durch nicht-immunologische Vorgänge; es werden keine Antikörper gebildet; das klinische Bild entspricht der Symptomatik echter allergischer Reaktionen, weswegen auch der Begriff Pseudo-Allergie gewählt wurde; hier können Lebensmittelbestandteile (z.B. biogene Amine), Lebensmittel-Zusatzstoffe und bestimmte Medikamente ursächlich sein

Aversion/Abneigung: Sie sind oft psychischer Natur und sind individuell. Häufig beobachtet wird eine starke Aversion gegen Kuhmilch oder Fisch, die oft dadurch entstanden ist, daß Kinder gezwungen wurden, bestimmte Lebensmittel, gegen die sie spontan eine Abneigung zeigten, zu essen. In manchen Fällen ist die frühkindliche Aversion (Ekel schon bei Geruch) aber auch ein Schutz für das Kind, wenn es evtl. schon die Bereitschaft zu allergischen Reaktionen gegenüber Kuhmilch oder Fisch in sich trägt. Innerhalb gewisser Grenzen sollten Eltern also auch auf Aversionen ihrer Kinder achten und diese auch respektieren.

Insbesondere die Unterscheidung zwischen Allergie, Pseudo-Allergie bzw. Intoleranz ist für den Patienten wichtig. Worum es sich bei dem einzelnen Patienten handelt, sollte auf jeden Fall von einem Facharzt geklärt werden, da die Prognose wesentlich von der richtigen Diagnose abhängt. Der Fachausdruck Intoleranz läßt sich mit dem Begriff Unverträglichkeit übersetzen.

Was ist das Besondere an Intoleranzen?

Ihnen liegt kein immunologischer Mechanismus zugrunde, d.h. es läuft *keine* der auf Seite 20 und 21 genannten Allergietypen ab. Es findet *keine* Sensibilisierung statt, und es werden *keine* Antikörper gebildet. Alles, was also für eine »richtige« Allergie zutrifft, ist bei den Intoleranzen oder Pseudo-Allergien nicht gegeben. Dennoch werden, wie bei der Allergie, aufgrund des entsprechenden Lebensmittels Botenstoffe wie das Histamin aus den Mastzellen freigesetzt.

Pseudoallergische Reaktionen verlaufen in den meisten Fällen harmloser als Allergien.

Allergien sind in der Regel nicht dosisabhängig, d.h. schon geringe Mengen des Allergens können zu starken Beschwerden führen. Nicht die Menge des Allergens ist also dafür verantwortlich, sondern die Stärke der Sensibilisierung des Patienten. Auch die Stärke des Allergens bestimmt das Maß der Beschwerden. So ist beispielsweise die Sellerieknolle ein sehr starkes Allergen; sie besitzt eine hohe allergene Potenz. Aber auch folgende Konstellationen sind möglich: Ein starkes Allergen wird bei einem Patienten mit einer geringen Sensibilisierung gegen dieses Nahrungsmittel zu einer schweren Erkrankung führen; ein schwaches Allergen führt bei einem nur leicht sensibilisierten Menschen nur zu geringfügigen Beschwerden.

Pseudoallergische Reaktionen sind in der Regel dosisabhängig, d.h. viele Patienten können geringe Mengen eines Stoffs essen, ohne Beschwerden zu bekommen.

Welche pseudoallergischen Reaktionen und Intoleranzen gibt es?

- Pseudoallergische Reaktionen gegen Lebensmittelzusatzstoffe
  Es sind einige genau definierte chemische Zusatzstoffe bekannt, die zu pseudoallergischen Reaktionen führen können. Wie oben beschrieben, werden hier keine Antikörper gebildet. Es handelt sich also um keine Allergie im klassischen Sinne. Dennoch werden Botenstoffe wie Histamin aus den Mastzellen freigesetzt. Da sie zu ähnlichen Symptomen wie die »richtige« Allergie führen, hat man ihnen den Namen Pseudo-Allergie gegeben. Das Kapitel »Wissenswertes über Lebensmittel-Zusatzstoffe« ab Seite 125 beschäftigt sich genauer mit den Intoleranzen gegen Zusatzstoffe.

- Intoleranzen gegen biogene Amine
  Biogene Amine sind eine große Gruppe von Stoffen, die natürlicherweise in vielen Nahrungsmitteln vorkommen. Sie sind z.B. in Käse, Wein, Hefe, Bananen, Tomaten, Avocados, Schalentieren und anderen enthalten. Auch hier liegt den Beschwerden keine allergische respektive immunologische Reaktion zugrunde. Sie bemühen auch keine Mastzellen, d.h. es wird kein Histamin ausgeschüttet. Vielmehr sind es die biogenen Amine selbst, die bei entsprechend empfindlichen Patienten durch ihre pharmakologische Wirkung zu Beschwerden führen. Genaueres bietet das Kapitel »Unverträglichkeit von biogenen Aminen« ab Seite 137.

- Unverträglichkeit des Geschmacksverstärkers Glutamat
Da Glutamat in großen Mengen in der chinesischen Küche Anwendung findet und bei vielen Betroffenen die Beschwerden nach dem Besuch eines solchen Restaurants auftraten, hat sich der Begriff China-Restaurant-Syndrom eingebürgert. Auch hier liegen keine Antikörper vor, und die Beschwerden sind dosisabhängig. Glutamat ist eine Substanz, die Nervenzellen übererregen kann.

- Unverträglichkeit von Antioxydanzien
Diese Schwefelverbindungen finden als Zusatzstoffe in Wein, Trockenprodukten wie Kartoffelbrei, Meerrettich und Trockenobst Anwendung. Es wird vermutet, daß bei Menschen, die auf diese Substanz mit Beschwerden reagieren, das Enzym Sulfitoxydase defekt ist (siehe S. 132).

- Unverträglichkeit aufgrund von Enzymdefekten
Der angeborene oder erworbene Defekt eines Enzyms kann zu Beschwerden führen. Die Symptome sind in der Regel auf das betroffene Organ beschränkt. Ein Beispiel: Durch den Mangel des Enzyms Laktase, das in den Dünndarmzotten gebildet wird und für die Spaltung des Milchzuckers verantwortlich ist, wird Milch nicht mehr gut vertragen. Es kommt zu Bauchschmerzen, Blähungen bis hin zum Durchfall. Mehr dazu finden Sie ab Seite 42.

Krankheitsbilder der Nahrungsmittel-Allergie

Der Begriff Nahrungsmittel-Allergie ist erst dann aussagekräftig, wenn er mit Angaben zur Art der Erkrankung und mit der Nennung derjenigen Lebensmittel verbunden ist, gegen die eine Allergie besteht. Aus dem Begriff Nahrungsmittel-Allergie alleine kann man in keinster Weise ablesen, ob es sich um ein schwerwiegendes Symptom oder um eine Bagatelle handelt. Nur wenn das die Allergie auslösende Nahrungsmittel genannt wird, hat eine solche Diagnose auch eine Aussagekraft. Dies ist auch für den Schriftverkehr und die Information der Ärzte ganz wichtig. Gibt ein Patient »Asthma bei Fischallergie« an, dann weiß der allergologisch erfahrene Arzt sofort, daß es sich erstens um eine schwere Erkrankung (Atemnot, Erstickungsanfall) handelt, und zweitens, daß es sich um ein starkes Allergen handelt. Man sollte also zum Beispiel von Magen-Darm-Beschwerden, von Nesselfieber (Urtikaria) oder Quincke-Ödem, Ekzem (z.B. Neurodermitis), von Asthma und Schnupfen *bei* Allergie gegen Kuhmilch, Sellerie, Karotten, Gewürze, Obst, Nüsse, Getreide, Fisch oder Hühnerei sprechen.

Die Diagnose »Allergie« kann nur der Arzt stellen

Es gibt eine Vielzahl von Krankheiten, die durch Nahrungsmittel-Allergien und Intoleranzreaktionen ausgelöst werden können. Sie können aber auch vielfältige andere Ursachen haben. Werden sie nicht erkannt, das heißt wird nicht die richtige Diagnose gestellt, so kann dies für den Patienten schlimme Folgen haben, denn möglicherweise wird eine nicht erkannte Erkrankung anderer Ursache verschleppt.

Schon aus diesem Grund sollte ein Patient seine Diagnose nicht selbst stellen, sich nicht von den eigenen Eindrücken leiten lassen. Da wir alle in der Regel auch außerhalb der Hauptmahlzeiten ständig etwas verzehren oder Genußmittel konsumieren, liegt eigentlich immer der Verdacht auf der Hand, daß eine bestimmte Symptomatik durch Nahrungsmittel ausgelöst worden ist. Es empfiehlt sich auch nicht, sich ausschließlich an Zeitungsmeldungen, an Fernsehberichten und Talk-Shows zu orientieren. In den Medien kann bestenfalls Allgemeines, aber niemals Verbindliches über Ihre persönliche Krankheit berichtet werden. Auch das scheinbar Offensichtliche muß auf Ihre Situation überhaupt nicht zutreffen, denn es gibt keine vergleichbaren Allergiker. Selbst bei Heuschnupfen ist es oft ungeheuer schwierig, vergleichbare Patienten zu finden, bei denen das

Alter, der Zeitpunkt des Beginns der Erkrankung, das Pollen-Allergiemuster, der klinische Verlauf u.a. übereinstimmen. Aus diesem Grunde empfiehlt es sich keinesfalls, sich mit Familienangehörigen oder Freunden mit ähnlichen Erkrankungen zu beraten, Erfahrungen anderer über Diagnosestellung und Therapie zu erfragen und diese ohne ärztliche Kontrolle auf sich selbst anzuwenden.

Übertragen auf Lebensmittel-Allergien und Intoleranzen bleibt der Erfolg einer wie auch immer gearteten selbstverordneten Allergiediät in der Regel aus. Ebenso ungünstig ist es, sich durch das Lesen der am Markt befindlichen Bücher seine Diagnose »zu suchen«. Der überwiegende Teil der Allergie-Bücher auf dem Laienmarkt sind nicht besonders gut und schon gar nicht dazu da, einen erfahrenen Allergologen zu ersetzen. Wie soll der Laie denn auch wissen, was falsch und was richtig ist? Der Büchermarkt ist auch überflutet von Außenseiterempfehlungen mit sehr spektakulären Diagnose- und Therapieempfehlungen. Auch ideologisch geprägte Publikationen sind dem Allergiker in der Regel nicht dienlich oder hilfreich, sondern oft sogar schädlich.

Das Symptom, die Krankheit, trägt selten das Zeichen ihrer Entstehung. Bei einem chronischen Schnupfen kann man nicht ohne weiteres erkennen, ob er allergisch oder nichtallergisch bedingt ist.

Ein weiteres Beispiel ist das Hautjucken. Juckreiz ist nicht von dem Begriff Allergie oder Intoleranz gepachtet. Die Haut kann bei den verschiedensten Erkrankungen jucken, brennen oder schmerzen. Windpocken jucken sehr stark; es handelt sich hier aber nicht um eine Allergie. Der Juckreiz an sich ist keinesfalls beweisend dafür, daß eine Allergie die Ursache ist. Ähnlich ist es mit Symptomen des Magen-Darm-Kanales: Bei vielen unterschiedlichen Magen-Darm-Erkrankungen kann man Übelkeit, Erbrechen, Bauchschmerzen, Durchfälle oder Verstopfung bekommen. Somit kann ein Durchfall, auch wenn er nach dem Essen auftritt, auch andere Ursachen haben. Auch Husten und Atembeschwerden können vielfältige Gründe haben, sie können auch bei einer Lungenentzündung oder bei Grippe auftreten.

Welche Symptome können bei einer allergischen Erkrankung auftreten?

In Tabelle 2 sind Krankheiten und Symptome aufgezählt, die *auch* durch eine Nahrungsmittel-Allergie oder -Intoleranz ausgelöst werden können, die aber vielfältige andere Ursachen haben können.

Tabelle 2 Mögliche Symptome einer Allergie

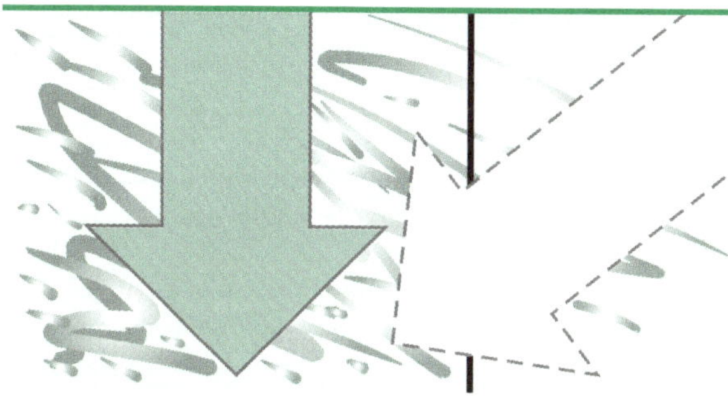

Krankheiten und Beschwerden, die durch eine Nahrungsmittel-Allergie ausgelöst werden können	Mögliche andere Ursachen für die Beschwerden
anfallsweiser oder chronischer Schnupfen	Infekte, Heuschnupfen, Kieferhöhlenentzündungen, andere Inhalationsallergene (Schimmelsporen, Hausstaubmilben, Tierhaare etc.), Rauchen
Husten, Verschleimung	Rauchen, Luftverschmutzung, Infekte (Viren, Bakterien), Inhalationsallergene (Pollen, Hausstaubmilben, Tierhaare, Schimmelsporen u. a.)
Atemnot, Asthma bronchiale	Infekte, Nasennebenhöhlenerkrankungen und -entzündungen, Rauchen, Luftverschmutzung, Inhalationsallergene (Beispiele siehe oben), Lungenentzündung etc.
Ausschlag im Gesicht (Ekzeme)	verschiedene nichtallergische Hauterkrankungen, Hormonstörungen, Kontaktallergie durch Kosmetika, Neurodermitis oder Schuppenflechte etc.
Nesselfieber (Urtikaria)	virale und bakterielle Infekte, Pilzinfektionen, Entzündungsherde im Körper (Zähne, Gallensteine, Blinddarmentzündung), Kälte, Wärme, nervöse Störungen, Hormonstörungen, Medikamente, Erkrankungen des Immunsystems, rheumatische Erkrankungen u. v. a.

Krankheiten und Beschwerden, die durch eine Nahrungsmittel-Allergie ausgelöst werden können	Mögliche andere Ursachen für die Beschwerden
Schwellungen am Körper (Quincke-Ödeme)	wie bei Nesselfieber, auch Nierenerkrankungen, rheumatische Erkrankungen u. v. a.
Geschwollene Augenlider, Bindehautentzündung	Kontaktallergien durch Kosmetika, Augeninfektionen, Inhalationsallergene (Beispiele siehe unter Husten), spezielle Augenerkrankungen, chronische Nasennebenhöhlenentzündungen, internistische Erkrankungen, Hormonstörungen u. v. a.
Kopfschmerzen, Migräne	bei vielen Infektionserkrankungen, internistischen Erkrankungen, neurologischen Erkrankungen, Hormonstörungen, psychisch und streßbedingt, zu wenig Schlaf, Medikamente, zu hoher Blutdruck, Stoffwechselkrankheiten u. v. a.
Gelenkschwellungen und -schmerzen	internistische Erkrankungen, rheumatische Erkrankungen, Polyarthritis, Verschleißerscheinungen (Abnutzung), Bewegungsmangel, Infektionskrankheiten u. v. a.
Ausschlag am ganzen Körper	Neurodermitis (zählt zu den Erbleiden, ist niemals alleine allergisch bedingt), Klimafaktoren, Hormonstörungen, psychische Störungen, Kontaktallergien durch Kosmetika und Körperpflegemittel, Kontaktallergien durch Lokalbehandlung mit Salben oder Cremes, Infektionen der Haut, viele andere Hauterkrankungen stehen zur Diskussion (auch Schuppenflechte (Psoriasis)), falsche Hautpflege, Streß, Inhalationsallergene (Beispiele siehe unter Husten)
Schleimhautreaktionen im Mund- und Rachenraum	Parodontose, entzündete Zähne, Rauchen, falsche Mundpflege, Kontaktallergie durch Zahnpasta oder Mundwasser, allgemeine Infektionen im Mundraum, Metall-Allergie.

Um Ihnen einen Eindruck von dem »bunten Bild« der möglichen Reaktionen zu vermitteln, sind in der folgenden Auflistung die Symptome und Beschwerden von 448 Patienten zusammengestellt, die bei mir in Behandlung waren.

Katalog von Symptomen und Erkrankungen bei 448 Patienten mit Nahrungsmittel-Allergie (Thiel 1988)

Folgende Symptome waren auf ein Organ begrenzt:

Rhinitis	Schnupfen
Sinusitis	Nasennebenhöhlenentzündung
Konjunktivitis	Bindehautentzündung
Orales-Allergie-Syndrom (OAS)	Mundschleimhautreaktionen mit Schwellungen
Pharyngitis	Halsentzündung
Zungenödeme	Zungenschwellung
Glottisödem	Stimmritzenschwellung, Heiserkeit und Atemnot
Quincke-Ödeme	Schwellungen an Lippen, Augen und anderen Körperpartien
Melkersson-Rosenthal-Syndrom	dauerhafte Schwellung im Mund, an den Lippen, an den Wangen
Gingivitis	Zahnfleischentzündung
Pharyngitis granularis	polsterartige Schwellungen des Rachens
Stomatitis	Mundschleimhautentzündung
Hypersekretion	Schleimabsonderung aus Nase und Bronchien
Bronchitis	Husten
Asthma bronchiale	Atemnot, Erstickungsanfälle
Aphthosis	schmerzhafte umschriebene Wunden im Mund
Urtikaria	Nesselfieber
Kontakt-Urtikaria	Quaddeln auf der Haut durch Kontakt mit Nahrungsmitteln
Flush	akute allgemeine Hautrötungen mit oder ohne Juckreiz, Hitzegefühl
Makulo-papulöse Exantheme	fleckförmiger Ausschlag
Oesophagitis	Speiseröhrenreizung und Entzündung

Gastritis	Magenschleimhautentzündung
Ulcus ventriculi	Magengeschwür
Pseudopolyposis ventriculi	polsterförmige, dauerhafte Schwellungen der Magenschleimhaut
Duodenitis	Entzündung des Zwölffingerdarmes
Enteritis	Darmentzündung
Dünndarm-Ileus	Dünndarmverschluß, vorübergehend
Colitis	Dickdarmentzündung
Colitis ulcerosa	Dickdarmentzündung mit Geschwüren
Prokitis (evtl. mit Blutungen)	Enddarmentzündung (evtl. mit Blutungen)
Parotitis	Ohrspeicheldrüsenentzündung mit Schwellung
Pankreatitis	Bauchspeicheldrüsenentzündung
erhöhte Leberfermente	erhöhte Leberwerte
Zystitis	Blasenentzündung
Urethritis	Harnleiterentzündung
Arthritis	Gelenkentzündung, evtl. mit Schwellungen
Hydarthrosis intermittens	wandernde Gelenkergüsse
Kopfschmerzen	
Migräne	
Atopische Dermatitis	Neurodermitis
Exantheme, Erytheme	fleckförmige Hautausschläge unterschiedlichen Aussehens, juckend

Im Folgenden handelt es sich um Allgemeinreaktionen des Körpers

Enteritis anaphylactica	fieberhafte Darmentzündung mit Durchfällen
anaphylaktischer Schock	allergischer Kreislaufzusammenbruch, Lebensgefahr
exercise-induced-anaphylaxis	durch körperliche Belastung (Sport) ausgelöste Reaktion nach Nahrungsaufnahme
Eiweißverlust-Syndrom	Eiweißverlust im Darm bis zum Kreislaufversagen

Tabelle 3 Mögliche Symptome einer Nahrungsmittel-Allergie

Häufigkeit von Symptomen durch Nahrungsmittel-Allergene bei 173 Patienten (Hofer und Wüthrich, 1986)

Magen-Darm-Beschwerden	47,4 %
Quincke-Ödem (Schwellungen am Körper)	42,8 %
Urtikaria (Nesselfieber)	33,5 %
Glottis-Ödem (Stimmritzenschwellung)	29,5 %
Asthma bronchiale (Erstickungsanfälle)	15,6 %
Schockfragmente	14,5 %
generalisierter Juckreiz	13,9 %
anaphylaktischer Schock	13,3 %
Rhinitis/Konjunktivitis (Schnupfen und Bindehautentzündung)	6,9 %
Kontakturtikaria (Quaddeln bei Berührung von Nahrungsmitteln)	4,0 %

Zum Glück selten: der anaphylaktische Schock

Der anaphylaktische Schock ist die schwerste allergische Reaktion, er kann in Einzelfällen auch zum Tode führen, wenn nicht rechtzeitig ärztliche Hilfe erfolgt. Ein anaphylaktischer Schock entwickelt sich in Minuten und geht oft im Vorfeld mit Handflächen- und Fußsohlenjucken einher, mit allgemeinem Hitzegefühl, Quaddeln am ganzen Körper, Atemnot, Verschwellungen verschiedener Körperpartien, auch mit Durchfall, Übelkeit oder Erbrechen. Schließlich kommt es oft zur Bewußtlosigkeit. Der anaphylaktische Schock kann durch bestimmte Medikamente, aber auch durch besonders starke Nahrungsmittel-Allergene verursacht werden. Hier sind insbesondere Fisch, Hühnereiweiß, gelegentlich auch Kuhmilchproteine, Nüsse, Pflanzensamen (Sesam, Mohn u.a.) und Sellerie zu nennen. Selten wird er durch Gemüse, Früchte oder Getreide ausgelöst.

Ein anaphylaktischer Schock durch Lebensmittel-Zusatzstoffe wird kaum beobachtet, auch wenn sie alle anderen Symptome hervorrufen können.

Der anstrengungsbedingte Schock (exercise-induced-anaphylaxis) ist eine Sonderform des anaphylaktischen Schocks. Hier kommt es nur im Zusammenhang mit körperlicher Belastung (Sport, Joggen, körperliche Anstrengung anderer Art, schnelles Gehen) nach dem Verzehr von Lebensmitteln zu den oben beschriebenen Symptomen. Man geht heute davon aus, daß die wenigen Menschen, die davon betroffen sind, vermehrt den Botenstoff Histamin aus den Mastzellen freisetzen, als das bei gesunden Menschen der Fall ist. Wird ein Lebensmittel verzehrt, gegen das eine Allergie besteht, kommt es, wie bei jedem Allergiker, zu einer Histaminausschüttung. Wird nun anschließend Sport getrieben, dann wird noch zusätzlich enorm viel Histamin ausgeschüttet, und ein Kreislaufzusammenbruch kann die Folge sein. Verzehrt ein solcher Patient ein allergieauslösendes Lebensmittel und bleibt danach in Ruhe sitzen, dann passiert ihm in der Regel nichts. Diese Tatsache ist für den Patienten meist sehr verwirrend.

Der Nachweis des anstrengungsinduzierten anaphylaktischen Schocks erfolgt unter stationären Bedingungen: Der Patient muß zunächst 24 Stunden fasten. Anschließend fährt er Fahrrad, d.h. es findet eine körperliche Anstrengung statt. In einem dritten Schritt wird dem Patienten das Verdachtsallergen in aufsteigender Dosis gegeben. Zum Schluß muß er wieder Fahrrad fahren, und es wird beobachtet, ob eine Schockreaktion eintritt.

Sonderform des Quincke-Ödems: das angioneurotische Ödem

Das Quincke-Ödem kann bei Allergikern gelegentlich auftreten. Dabei kommt es zu örtlich begrenzten Schwellungen am Körper oder im Gesicht.

Eine Sonderform des Quincke-Ödems ist das sehr seltene sogenannte angioneurotische Ödem, das keinerlei allergische Ursache hat. Es tritt gehäuft in Familien als Folge eines erblich bedingten Defektes eines Enzymsystems auf. (Dem Körper fehlt das Enzym C1-Esterase-Inhibitor.) Dadurch kommt es in unregelmäßigen Abständen zu Schwellungen, die oft im Kopfbereich, aber auch im Magen-Darm-Trakt auftreten können. Hier kommt es zu Schmerzen, Erbrechen und Blähbauch, manchmal auch zu

Durchfällen. Mitunter wird fälschlicherweise ein Darmverschluß vermutet. Die Schwellungen können monströse Ausmaße annehmen. Sie jucken nicht, können aber schmerzhaft sein. Bei Infektionskrankheiten können sie verstärkt auftreten.

Achtung ist bei ärztlichen Eingriffen, z.B. Manipulationen des Zahnarztes, geboten. Hier kann der ausgeübte Druck auf das Gewebe des Mundes und des Gesichtes Schwellungen auslösen. Auch Stimmritzenschwellungen mit akuten Erstickungsanfällen wurden beobachtet.

Die Diagnose wird durch Blutuntersuchungen gestellt, da man hier den Mangel des Enzyms feststellen kann. Liegen die Schwellungen in einem Bereich, wo es zu lebensbedrohlichen Komplikationen kommen kann (z.B. im Rachenraum), dann wird das fehlende Enzym gespritzt. Auch vor jedem ärztlichen oder zahnärztlichen Eingriff wird diese Spritze vorsorglich gegeben. Anders als bei dem allergischen Quincke-Ödem, spricht diese Sonderform nicht auf antiallergische Medikamente an; die Gabe des Enzyms ist die einzige Hilfe. Menschen, bei denen die Schwellungen oft auftreten, sollten Spritzen mit dem Enzym C1-Inhibitor immer im Kühlschrank bereithalten. Bei Frauen kann auch eine Behandlung mit bestimmten Hormonen nützlich sein.

Es sei nochmal ausdrücklich gesagt: bei dem angioneurotischen Ödem handelt es sich *nicht* um eine Allergie.

Sind Allergene für den Zappelphilipp verantwortlich?

Der Fachausdruck für den »Zappelphilipp« lautet Hyperkinetisches Syndrom. Es handelt sich um ein sehr komplexes Krankheitsbild, bei dem die betroffenen Kinder durch Verhaltensstörungen, überschießende motorische Aktivität, Leistungs- und Lernstörungen sowie durch Unruhezustände auffallen.

Symptome des Hyperkinetischen Syndroms

Überreaktivität	Affektlabilität
Impulsivität	Konzentrationsstörungen
Unruhezustände	Lernschwierigkeiten
Zerstreutheit	Entwicklungsstörungen
Reizbarkeit	psychosoziale Verhaltensstörungen

Die Frage, ob für diese Störungen Bestandteile aus unserer Nahrung verantwortlich sind, wird sehr gegensätzlich diskutiert. Gerade verschiedene Laienorganisationen schuldigen unsere Nahrung als Auslöser an. Ein beliebtes Thema in den Medien ist auch immer wieder die Phosphathypothese (nach Hafer), nach der Phosphatzusätze (z. B. in Wurst und Fleischwaren) sowie in Lebensmitteln natürlich vorkommendes Phosphat (in Kuhmilch und Milchprodukten) die Kinder unruhig machen sollen. Selbsternannte Experten propagieren, die entsprechenden Lebensmittel aus dem Speiseplan der Kleinen zu nehmen.

Zahlreiche wissenschaftliche Untersuchungen jedoch weisen diätetischen Maßnahmen allenfalls einen geringen Einfluß auf die Störungen zu. Aus Untersuchungen an der Uniklinik Mainz geht sogar hervor, daß die phosphatreduzierte Kost für die Behandlung des Hyperkinetischen Syndroms nicht geeignet ist. Die mitunter im Zusammenhang mit solchen Untersuchungen beobachteten Besserungen des kindlichen Verhaltens sind auf einen Placeboeffekt zurückzuführen, d. h. die leichte Verbesserung der Symptome ist auf eine Zuwendung der Ärzte zu erklären. Die Phosphate oder andere Lebensmittel-Zusatzstoffe oder Allergene haben in diesem Zusammenhang aber in der Regel keine Bedeutung.

Eine verdachtsweise Diät sollte also auf keinen Fall durchgeführt werden. In Einzelfällen kann es erforderlich sein, eine entsprechende Diät probehalber einzuleiten. Zuvor muß aber eine ausführliche Diagnostik durch den Kinderarzt, den Neurologen, einen Psychologen sowie einen Allergologen durchgeführt werden.

Gerade im Kindesalter muß eine Sicherstellung der Ernährung gewährleistet sein. In jüngster Zeit wird immer wieder über Mangelernährungen bei Kindern berichtet, die auf eigene Faust von den Eltern auf eine phosphatfreie Kost gesetzt wurden.

Neurodermitis und Ernährung

Neurodermitis ist eine schubweise verlaufende Erkrankung der Haut. Ekzeme mit starkem Juckreiz prägen das Krankheitsbild. Als Ursache wird wie bei der Allergie eine genetische Disposition angenommen. Die Haut ist dann nicht mehr in der Lage, ausreichend zu fetten und zu schwitzen, und sie ist äußerst reizbar. Schon diese Funktionsstörungen führen dazu, daß es bei mechanischer Belastung (z. B. durch Kratzen) zu einem Ekzem kommt. Die Haut hat eine Abwehrschwäche, aber der Rückschluß, der ganze Mensch sei abwehrgeschwächt, wäre falsch.

Die Neurodermitis, sie wird auch als atopisches Ekzem bezeichnet, kommt insbesondere in ganz jungen Jahren häufig vor: Heute sind etwa 10 bis 12 % der Kleinkinder betroffen. Bei Jugendlichen heilen die Ekzeme oft spontan ab.

Die Frage nach der Bedeutung der Ernährung wird immer wieder sehr gegensätzlich diskutiert. Bei etwa 15 % der Neurodermitiskranken ist damit zu rechnen, daß bestimmte Nahrungsmittel zu einer Verschlechterung des Krankheitsbildes führen. Es gibt aber keinen Patienten, der allein durch den Einfluß von Nahrungsmitteln einen Krankheitsschub erlebt. Man darf die Neurodermitis also nicht ausschließlich unter dem Aspekt der Ernährung betrachten. Monate- oder gar jahrelange Diäten sind äußerst frustrierend und in der Regel wirkungslos. Eine Probediät unter ärztlicher Aufsicht über einen Zeitraum von 3 bis 4 Wochen kann jedoch den Zusammenhang zwischen dem Ekzem und der Ernährung klären. Dabei muß man unterscheiden, ob sich die Ernährung auf das Ekzem selbst auswirkt, oder ob getrennt davon eine Nahrungsmittel-Allergie vorliegt, die sich dann beispielsweise in Magen-Darm-Beschwerden oder mit Asthma äußert. Auch Zusatzstoffe (siehe S. 125), biogene Amine (siehe S. 137), Medikamente, Hausstaubmilben und Pollenallergene können eine Rolle spielen.

Eine Rolle bei der Verschlechterung der Haut kann der Psyche und auch den Hormonen zukommen. Bei Frauen treten häufig vor der Periode verstärkte Neurodermitisschübe auf, nach der Blutung ist die Haut stabiler. Aufregung, z.B. vor Prüfungen, sowie Streß fördern die Ekzemneigung.

Bei Neurodermitikern können Kontaktallergien der Haut (Nickel, Körperpflege u.v.a.) häufig beobachtet werden.

Auch bei der Berufswahl sollte der Neurodermitiskranke ebenso wie der Nahrungsmittel-Allergiker seine Erkrankung in die Überlegungen einbeziehen. Häufiger Wasserkontakt (z.B. im Friseurberuf) in Verbindung mit reizenden Substanzen kann die Ekzemneigung verstärken. Dabei kann eine Allergie gegen die Substanz vorliegen, das muß aber nicht der Fall sein. Häufig kommt es bei Neurodermitikern zu einer Kontaktallergie durch Nickel.

1/2 liter

Krankheiten, die einer Allergie ähneln, aber keine sind

Verschiedene Erkrankungen führen zu Symptomen, die auch bei Nahrungsmittel-Allergien auftreten können: Blähungen, Übelkeit, Durchfall und Erbrechen. Was wie eine Allergie aussieht, kann aber ganz andere Ursachen haben, auch wenn die Nahrung der Auslöser ist. Am häufigsten kommen die Laktose-Intoleranz und die Zöliakie vor.

Zöliakie und einheimische Sprue

Hier handelt es sich um eine Erkrankung des Dünndarmes. Bei Kindern wird die Erkrankung als Zöliakie bezeichnet, beim Erwachsenen als einheimische Sprue. Die Erkrankung kann sehr unterschiedlich schwer verlaufen. Es wird vermutet, daß einer von 3 000 Menschen unter der Zöliakie oder Sprue leidet.

Die Aufgabe des Dünndarms ist es, Nährstoffe aus dem Darm in das Blut weiterzuleiten. Durch Faltenbildung der Darmschleimhaut und Ausstülpungen (Dünndarmzotten) entsteht eine sehr große Oberfläche, die erforderlich ist, um alle in der Nahrung enthaltenen Nährstoffe aufzunehmen und in das Blut weiterzugeben. Würde man den Dünndarm ausbreiten, dann ergäbe sich die Fläche eines Tennisplatzes.

Übeltäter bei der Zöliakie ist ein bestimmtes Eiweiß aus verschiedenen Getreidesorten – das Gluten. Es kommt in Weizen-, Dinkel-, Grünkern-, Roggen-, Gersten- und Hafermehl vor. Dieses Klebereiweiß oder Gluten zerstört die feinen Dünndarmzotten, die Fläche des Tennisplatzes schrumpft, und damit schränkt sich die Nährstoffaufnahme ganz erheblich ein. Aus diesem Grund kann es zu einem Mangel an Mineralstoffen und Vitaminen kommen. Besonders bedeutend ist ein Eiweißmangel, der entscheidend für Wachstums- und Hormonstörungen ist. Bei schwangeren Frauen wirkt sich der Mangel auf das ungeborene Kind aus. All diese Störungen lassen sich durch eine glutenfreie Ernährung vollständig beheben, wobei in der Anfangsphase der Behandlung eine medikamentöse Zufuhr von Vitaminen, Mineralstoffen und ggf. auch Eiweiß erfolgen muß.

Die Zöliakie wie auch die Sprue geht oft mit einem gleichzeitigen Mangel des milchzuckerspaltenden Enzyms Laktase einher. Es kommt zu einer Verwertungsstörung des Milchzuckers, der Laktoseintoleranz, die ab S. 42 besprochen wird.

Obwohl im Blut mancher Patienten Antikörper gegen das Gluten zu finden sind, handelt es sich *nicht* um eine Allergie. Warum die Dünndarmschleimhaut auf das völlig ungefährliche Gluten in dieser Weise reagiert, ist bislang nicht bekannt. Heute weiß man aber, daß die Zöliakie familiär gehäuft auftritt; es muß also eine genetische Veranlagung vorhanden sein. Die Zöliakie wird auch nicht durch falsche Ernährung, durch Zusatzstoffe oder Verunreinigungen ausgelöst. Es handelt sich also auch nicht um eine Zivilisationserkrankung.

Zöliakie beim Kleinkind

Bei kleinen Kindern tritt die Zöliakie meist dann auf, wenn eine entsprechende Ernährungsumstellung der Milchnahrung (Muttermilch oder andere) auf Getreide erfolgt. Je nach Schwere der Erkrankung kommt es sehr bald zu Gedeihstörungen mit Durchfällen; es wird viel fettglänzender, stark übelriechender Stuhl abgesetzt, der oft sehr hell ist. Hinzu kommen Blähbauch, Gewichtsabnahme, Blässe und Müdigkeit. Gelegentlich kann auch Verstopfung und Erbrechen ein erstes Krankheitszeichen sein. Diese Gedeihstörung äußert sich auch in einem verminderten Wachstum, die Kinder sind teilnahmslos, leistungsgeschwächt, lehnen oft die Nahrung ab, die ihnen nicht bekommt.

Sprue beim Erwachsenen

Sie kann sich erst im Laufe des Lebens entwickeln. Nicht immer sind gravierende Magen-Darm-Störungen mit Durchfällen, Blähungen, Übelkeit und Erbrechen oder Darmkrämpfe das erste Symptom. Bei jungen Frauen kommt es zu Zyklusstörungen, bei werdenden Müttern zu Störungen in der Schwangerschaft. Tetanien (nächtliche Krämpfe), Zahnschäden, Nervosität, Störungen des Allgemeinbefindens, Depressionen und Kopfschmerzen können Symptome sein, die nicht immer zunächst auf einen kranken Magen-Darm-Kanal hinweisen. Ursächlich für diese Beschwerden ist die schleichende Mangelernährung durch die zerstörten Darmzotten. Auch hier kann bei schwereren Fällen ein fetthaltiger Stuhl abgesetzt werden, auch Krämpfe und Bauchschmerzen, häufige Stuhlentleerungen, oft im Wechsel mit Verstopfung, sind dann hinweisende Symptome. Eine Allergie ist es jedoch nicht!

Wie stellt der Arzt die Diagnose?

Die Diagnose kann in der Regel nicht von der Mutter und auch nicht vom Patienten selbst gestellt werden. In vielen Fällen werden zwar Antikörper gegen Gluten (Klebereiweiß) im Blut gefunden, der Nachweis ist aber nicht so zuverlässig, wie man denkt. Die Diagnose kann nur sicher gestellt werden, wenn die Schädigung der Zotten oder das Fehlen derselben durch eine Magen-Darm-Spiegelung erfolgt, wobei Gewebeproben entnommen werden. In schweren Fällen kann der untersuchende Arzt allein mit einem Auflichtmikroskop den Schaden an der Dünndarmschleimhaut sehen. Die feingewebliche Untersuchung bestätigt dann in der Regel die Schädigung der Zotten oder den Verlust der Zotten.

In Einzelfällen kann es auch bei Kindern mit Kuhmilchunverträglichkeit oder bei Infektionserkrankungen des Darmes zu einer Zottenschädigung kommen. Bei der feingeweblichen Untersuchung unterscheiden sich diese Schleimhautveränderungen jedoch von denen der Zöliakie.

Wie werden die Zöliakie und die Sprue behandelt?

Die einzige Behandlungsmöglichkeit besteht darin, das Gluten aus Weizen, Roggen, Gersten, Hafer, Dinkel und Grünkern ein Leben lang zu meiden. Nach der Umstellung auf eine *glutenfreie Kost* kommt es dann in der Regel relativ schnell zu einer Besserung mit einem Verschwinden der vielfältigen Symptome; Kleinkinder holen im Wachstum auf. Gluten kann problemlos aus der Nahrung weggelassen werden, Mangelerscheinungen sind dadurch nicht zu erwarten.

Die folgende Auflistung zeigt, welche glutenfreien Rohstoffe zum Kochen und Backen verwendet werden können.

Glutenfreie Rohstoffe zum Backen und Kochen bei Zöliakie und Sprue

Reis	Langkornreis
	Parboiledreis
	Rundkornreis
	Mittelkornreis
	Naturreis
	Wilder Reis
	Reisflocken
	Reismehl
Mais	Gemüsemais
	Maismehl
	Maisgries
	Maisstärke
	Maiskleie
	Maiskeimöl

Hirse	
Buchweizen	
Soja	Sojamehl Sojamilch Sojalecithin
Kartoffeln	
Maniok (Tapioka)	
Quinoa (Inkagetreide)	
Amarant (Saatfrucht aus Mittelamerika)	
Guarkernmehl	
Johannisbrotkernmehl	
Saaten	Leinsamen Sesam Sonnenblumenkerne

Glutenfreie Produkte können in Reformhäusern und Apotheken in vielfältiger Auswahl erworben werden. Es gibt Hersteller, die sich speziell auf die Herstellung glutenfreier Nahrungsmittel eingestellt haben und einen Versandhandel betreiben. Im TRIAS Verlag ist ein Buch zum Thema Zöliakie erschienen (siehe Leseempfehlungen ab Seite 197), das viele dieser Hersteller nennt.

Laktose-Intoleranz: die Unverträglichkeit von Milchzucker

Die Laktose, der Milchzucker, ist ein Kohlenhydrat. Sie kommt in der Muttermilch des Menschen und der Säugetiere vor. Frauenmilch enthält 7 % und Kuhmilch etwa 4,8 % Milchzucker. Die Laktose besteht aus zwei Einzelzuckern – der Galaktose und Glukose (entspricht dem Traubenzucker). Enzyme in der Dünndarmwand können den Milchzucker in die beiden Einzelzucker spalten. Das Enzym heißt Laktase. Nach getaner Arbeit werden die Einzelzucker ins Blut aufgenommen.

Ein Teil des nicht gespaltenen Milchzuckers gelangt in den Dickdarm und wird von den dort ansässigen Milchsäurebakterien als Nahrungsgrundlage und Energielieferant verwendet. Dabei entstehen Abbauprodukte, z.B. die Milchsäure. Diese anfallenden Endprodukte schaffen im

Darm ein Milieu, das eine Überwucherung mit krankheitserregenden Keimen verhindert. Milchsäurebakterien sind für das biologische Gleichgewicht der Bakterien im Darm, also für die Darmflora, verantwortlich. Die Abbauprodukte von Milchzucker bewirken, daß Wasser in den Darm austritt, damit erhöht sich die Stuhlmenge und das Stuhlgewicht. Durch die vermehrte Stuhlmenge wird der Darm in seiner Bewegung angeregt. Deshalb wird Milchzucker zur Förderung der Verdauung eingesetzt; er beugt einer Verstopfung vor. Milchzucker kann also als Verdauungshilfe eingesetzt werden, in größeren Mengen verursacht es allerdings Durchfall. Sauermilchprodukte, insbesondere Buttermilch, unterstützen den Aufbau einer gesunden Darmflora.

Welche Beschwerden bereitet eine Laktose-Intoleranz?

Bei der Unverträglichkeit von Milchzucker liegt ein Mangel des Enzyms Laktase vor. Der Milchzucker kann also nicht, wie gerade beschrieben, abgebaut werden. Beim Erwachsenen kommt es als Folge zu Durchfällen, Blähbauch und Bauchschmerzen. Je nach Umfang des Laktasemangels sind die Beschwerden mehr oder weniger ausgeprägt, sie sind auch abhängig von der aufgenommenen Menge an Milch oder Milchprodukten.

Bei Babys und Kindern kommt es durch eine Laktose-Intoleranz zu Erbrechen und Wachstumsstörungen. Hier muß eine Spezialnahrung gegeben werden, die frei von Milchzucker ist.

Wie häufig ist diese Erkrankung?

Man muß zwischen einer angeborenen und einer im Laufe des Lebens erworbenen Unverträglichkeit von Milchzucker unterscheiden. Die Häufigkeit, mit der ein Enzymmangel auftritt, ist unter anderem auch erblich festgelegt. So haben fast 100 % der schwarzen Afrikaner und der Asiaten überhaupt keine Laktase. In Europa leiden etwa 10 % der Bevölkerung unter dieser Erscheinung: in Deutschland sind es etwa 10 %, in England 20 bis 30 %, in der Schweiz 17 % und bei den Schweden nur etwa 3 %.

Die Laktose-Intoleranz kommt auch häufig zusammen mit der Zöliakie vor: Das Enzym wird in der Spitze der Darmzotten gebildet, die, wie Sie im Abschnitt über die Zöliakie gelesen haben, bei dieser Erkrankung stark abgeflacht sind.

Wie prüft der Arzt, ob ein Laktasemangel vorliegt?

Man läßt den Patienten Milchzucker trinken und kann dann mittels einer Blutabnahme in regelmäßigen Abständen feststellen, ob Milchzucker gespalten wird und Glukose, also einer der Einzelzucker, ins Blut gelangt oder nicht (sogenannter Laktosetest). Man kann auch durch einen Atemtest nach dem Trinken von Milchzucker in regelmäßigen Abständen auf die Verdauung von Laktose rückschließen. Es ist der sogenannte H_2-Atemtest. Hier wird die Menge des Wasserstoffes, der ausgeatmet wird, gemessen.

Besteht ein Zusammenhang zur Allergie?

Der Laktasemangel der Dünndarmschleimhaut ist nicht selten Wegbereiter für das Auftreten einer Nahrungsmittel-Allergie, wenn jemand eine Allergieneigung hat. Wird ständig Milchzucker zugeführt, dann ist der Darm durch diesen Zucker, den er nicht spalten kann, gestört. Damit erhöht sich die Durchlässigkeit für den Durchtritt von Allergenen durch die Magen-Darm-Schleimhaut. Bei Magen-Darm-Symptomen und einer nachgewiesenen Nahrungsmittel-Allergie sollte also immer gleichzeitig geprüft werden, ob ein Laktasemangel der Dünndarmschleimhaut vorliegt und wenn ja, in welchem Ausmaß. Dies ist besonders dann wichtig, wenn beobachtet wird, daß Milchprodukte Magen-Darm-Beschwerden auslösen. Beim Laktasemangel können *nur* Magen-Darm-Symptome entstehen.

Tabelle 4 zeigt den Milchzuckergehalt in Gramm pro 100 g Gewicht einiger Lebensmittel. Milchzucker wird allerdings auch in der Tablettenindustrie verwendet. Bei nur geringem Laktasemangel spielt dies bei der Einnahme von laktosehaltigen Tabletten keine Rolle. Bei starkem Laktasemangel können jedoch schon wenige Tabletten pro Tag Symptome im Bauch auslösen.

Tabelle 4 Milchzuckergehalt verschiedener Lebensmittel aus Milch

Lebensmittel	Gramm Milchzucker je 100 g
Frischmilch, H-Milch	4,8–5
Sauermilchprodukte z. B. Joghurt, Dickmilch, Kefir, saure Sahne	2–6
Buttermilch	3,5–5,5
Butter	0,5–0,6
Speisequark	2,8–4,1

Lebensmittel	Gramm Milchzucker je 100 g
Schmelzkäse und -zubereitungen z. B. Scheibletten, Kochkäse, Käsepastete	2,8–3,8
gereifter Käse z. B. Gouda, Camembert, Schafskäse, Butterkäse, Harzer	< 0,1
Milchpulver	37–52
Milchschokolade	10
Nougat	25
Wurstwaren	1–4

Kuhmilch enthält wichtiges Kalzium und Vitamin D. Sprechen Sie mit Ihrem Arzt oder auch mit einer Ernährungsberaterin, ob die Kuhmilch ersetzt werden muß und wodurch (andere kalziumreiche Nahrungsmittel und/oder Medikamente). Ich empfehle meinen Patienten auch Nährwerttabellen, in denen sie kalziumreiche Nahrungsmittel finden können.

Allergie: ein psychisches und hormonelles Problem?

Noch vor nicht allzulanger Zeit wurde immer wieder propagiert, daß allergische Erkrankungen überwiegend durch psychische Einflüsse entstehen, was in dieser Weise aber nicht vertreten werden kann. Der Mensch besteht nun einmal aus Körper, Geist und Seele, und eine Trennung in eine ausschließliche Betrachtung von Körperfunktionen ist ebenso unglücklich, wie die Seele oder die geistigen Funktionen isoliert von den anderen zu sehen.

Wie die Psyche auf das Immunsystem wirkt

Nachdem wir nun die immunologischen Vorgänge bei allergischen Erkrankungen in den letzten Jahrzehnten besser verstehen gelernt haben, kann man nicht mehr zu dem Schluß kommen, daß allergische Erkrankungen ausschließlich psychischen Ursprunges sind. Die Wissenschaft hat jedoch in den letzten Jahren deutlich machen können, daß auch das Immunsystem psychischen Einflüssen unterliegt. Und das ist nicht verwunderlich. Aus diesen Erkenntnissen hat sich in den letzten Jahren ein neuer Forschungszweig entwickelt, die sogenannte Psycho-Neuro-Immunologie. Heute weiß man, daß sich beispielsweise psychischer Streß (im positiven oder negativen Sinne) auf verschiedene Krankheitssymptome in günstiger oder ungünstiger Weise auswirken kann.

Leidet beispielsweise jemand an Bluthochdruck, so würde negativer Streß (Aufregung, Ärger) durchaus dazu beitragen, daß der Blutdruck erheblich ansteigt. In gleicher Weise kann durch psychischen Streß eine Zuckerkrankheit entgleisen (im Volksmund nennt man dies Zuckerstreß). Ein ausgeglichener Mensch mit positivem Streß (Aktivität, Freude an der Arbeit, glückliches Umfeld) wird also mit seiner Krankheit möglicherweise besser zurechtkommen.

Allergische Erkrankungen verhalten sich nicht anders. Unter negativen Streßbedingungen kann es beim Asthma durchaus zu verstärkten Asthmaanfällen kommen. Das ist allerdings auch im Stadium der Freude möglich: So kann es beispielsweise beim Lachen infolge der Reizbarkeit des Atemsystems zu Atembeschwerden kommen. Diese Beobachtung ist vielen Asthmatikern bekannt.

Psychische Einflüsse sind also bei allergischen Erkrankungen in der positiven wie auch negativen Richtung wirksam. Allerdings sind sie nicht als Ursache anzusehen, sondern wirken sich auf die schon bestehende Erkrankung aus. Auch körperlicher Streß wie Rennen und Hitzeeinwirkung auf den Körper (z.B. ein heißes Bad) können ebenfalls verstärkt zu Atemnot oder zur Verschlechterung von Hautreaktionen führen. Gleiches gilt für den Magen-Darm-Kanal. Wer kennt nicht das Phänomen des plötzlichen Durchfalls vor Prüfungen?

Das zentrale Nervensystem und die Psyche des Körpers beeinflussen sich also gegenseitig. Stimulanzien aus der Außenwelt wie auch aus dem eigenen Körper erreichen das Nerven- und Immunsystem ständig; es kommt zu einer Reizbeantwortung. Dieses Miteinander wird auch als »feed-back« bezeichnet. In jüngster Zeit konnte auch gezeigt werden, daß das Immunsystem durch verschiedene Einflüsse zur Bildung von IgE-Antikörpern angeregt werden kann. Dies läßt uns verstehen, warum die Psyche auch Auswirkungen auf das Immunsystem und nachfolgende allergische Erkrankungen haben kann.

Man muß sich also davor hüten, Patienten mit allergischen Erkrankungen unter dem Begriff psychisch krank einzuordnen. Allergiker sind nicht häufiger psychisch krank als Menschen, die nicht unter Allergien zu leiden haben. Es ist aber durchaus möglich und gut verständlich, daß Patienten mit stetigem Hautjucken und Atemnot »nervös werden«. Asthmakranke, die häufig nachts Atemnot haben und dann im Schlaf gestört werden, sind in der Regel am Tage weniger leistungsfähig. Auch die Familie wird von diesen nächtlichen Attacken und Notfallsituationen berührt. So ist verständlich, daß eine jahrelange schwere Asthmakrankheit einen Patienten in eine psychisch schwierige Situation bringen kann. Die psychische Belastung ist aber nicht die Ursache, sondern die Folge des Asthmas.

Wie Hormone auf das Immunsystem wirken können

Auch Hormone nehmen Einfluß auf das Immunsystem, auf den Gesamtorganismus und auf die psychische Verfassung. Nach einer Schwangerschaft kann zum Beispiel durch die hormonellen Umstellungen eine Depression ausgelöst werden. Viele Frauen kennen depressive Verstimmungen vor der Periode.

Geschlechtshormone bei Frauen, über die man besser Bescheid weiß als über die Wirkung von männlichen Hormonen, beeinflussen zum Beispiel nachgewiesenermaßen die Freisetzung von Histamin aus Mastzellen. Dies ist in der ersten Zyklushälfte durch die ansteigenden Östrogene der Fall. Hormone beeinflussen auch die Reaktion der Antikörper (z.B. IgE), können somit also durchaus Einfluß nehmen auf den Schweregrad allergischer Reaktionen und der Häufigkeit ihres Auftretens. Auch die bronchiale Reizschwelle wird durch Östrogene negativ beeinflußt. Bei einer verstärkten Östrogenproduktion reagiert die Bronchialschleimhaut also stärker auf Reize, z.B. auf Pillen.

Im weiblichen Zyklus ist während des Eisprungs die Konzentration an Östrogenen besonders hoch. Wir wissen durch Untersuchungen, daß die Hautreaktion auf Histamin und Allergene zu diesem Zeitpunkt besonders stark ist. Auch die »Pille« kann, wenn im Einzelfall ein ungünstiges Verhältnis zwischen Östrogen und Gestagen besteht, die Stärke und Häufigkeit von allergischen Reaktionen beeinflussen, aber nicht verursachen. Genauer heißt das: Um den Eisprung und kurz vor der Periode können allergische Reaktionen verstärkt ausfallen (an der Haut, an den Atemwegen). Die stabilste Phase ist die erste Zyklushälfte. Bei allergischen Frauen sollte also überlegt werden, welche »Pille« mit welcher Zusammensetzung günstiger oder ungünstiger wirkt.

Auch die Schilddrüse bedarf noch einer Bemerkung. Bei einer Schilddrüsenüberfunktion ist die Histaminfreisetzung durch Allergene aus den Mastzellen gesteigert. Auch Schilddrüsenstörungen sollten unter dem Aspekt der ungünstigen Beeinflussung allergischer Erkrankungen der Haut, der Atemwege und des Magen-Darm-Traktes beachtet und ggf. auch behandelt werden. Auch hier ist die Schilddrüsenüberfunktion nicht die Ursache der Allergie, beeinflußt diese aber in ungünstiger Weise.

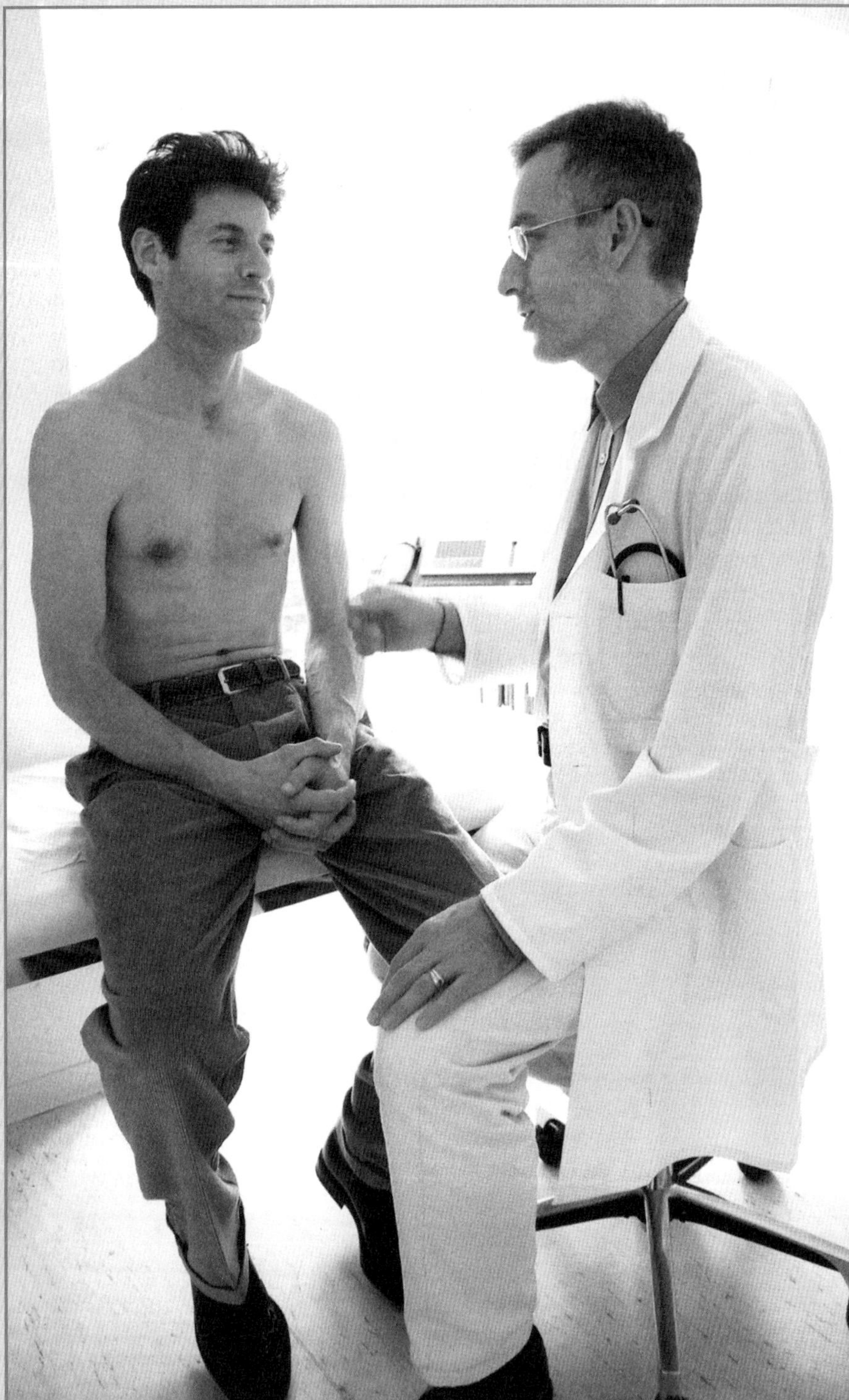

Die Diagnostik von Nahrungsmittel-Allergien

Die Allergie-Diagnostik umfaßt verschiedene Diagnoseschritte, die in einer sinnvollen Reihenfolge durchgeführt werden sollte, da sich die verschiedenen Punkte gegenseitig ergänzen.

- Krankengeschichte (Allergie-Anamnese)
- Hauttestung mit Nahrungsmittel-Allergenen (verschiedene Techniken)
- Antikörperbestimmung im Blut
- Auslaßtests (Eliminationsdiät) und Suchdiäten
- Provokationstests

Nur die Kombination dieser verschiedenen Schritte führt zu einer sicheren Diagnose. Eine richtige Diagnose kann immer nur der allergologisch erfahrene Arzt stellen. Bei der Fülle der auf dem Markt befindlichen Lebensmittel, Bestandteile und Zusatzstoffe ist es dem Patienten heute kaum noch möglich, seine Diagnose selbst zu finden. Nur der allergologisch versierte Arzt kennt die sogenannte Ökologie der Allergene (Verbreitung und Vorkommen von Lebensmittelallergenen und Bestandteilen). Aber auch für ihn kann die Allergiediagnostik im Allgemeinen wie auch die Diagnostik der Nahrungsmittel-Allergie im Besonderen eine Suche nach der Stecknadel im Heuhaufen sein.

Im nachfolgenden werden die einzelnen Maßnahmen genauer erklärt.

Krankengeschichte (Allergie-Anamnese)

Bei der Allergie-Anamnese wird der Arzt in einem Gespräch möglichst viele Informationen über Allergien in der Familie (gibt einen Hinweis auf eine ererbte Neigung), über die Symptome des Patienten (z.B. Heuschnupfen) und auch die früher aufgetretenen Beschwerden erfragen. Hierzu gibt es auch vorgefertigte Fragebögen, die aber das Gespräch mit dem Arzt auf keinen Fall ersetzen. In manchen Fällen wird der Arzt den Patienten auffordern, beim nächsten Auftreten ein Photo der Symptome (z.B. Schwellungen, Ekzeme) anzufertigen, da manche Hauterscheinungen immer dann kommen, wenn man nicht beim Arzt ist. Und niemand kann eine sinnvolle Diagnose auf den Weg bringen, wenn er eine Krankheit nicht gesehen hat.

Viele Patienten möchten gerne beim Finden der richtigen Diagnose mithelfen. Im Falle eines Verdachts auf eine Nahrungsmittel-Allergie ist das gut möglich, da ein Protokoll sehr hilfreich sein kann. Dabei muß der Patient genau aufschreiben, wann und was (mit möglichst genauer Zusammensetzung) er verzehrt hat und wann (genauer Zeitpunkt) welche Beschwerden aufgetreten sind.

Häufig enthalten die ausgefüllten Fragebögen aber auch Spekulationen. Ein Patient berichtete mir im Fragebogen, daß er Konservierungsmittel nicht verträgt. Er hatte eine Fischkonserve verzehrt und schloß nicht auf eine Fisch-, sondern eine »Konservierungsmittel-Allergie«.

Leider kommt es auch unabhängig von Fragebögen noch viel zu häufig vor, daß Patienten nur das dem Arzt erzählen, was sie als Ursache ihrer Allergie betrachten. Dabei wird dann vergessen, was wirklich alles verzehrt wurde. Auch an Genußmittel und Getränke ist zu denken. Nicht selten sind auch Medikamente für Beschwerden verantwortlich; auch sie müssen im Protokoll erwähnt werden, Viele Patienten gehen davon aus, daß sie, wenn sie plötzlich erstmals etwas nicht vertragen, auf etwas »Besonderes« reagieren. Nahrungsmittel-Allergien werden aber durch die gängigen Nahrungsmittel-Allergene ausgelöst, selten durch das Besondere. Auch die Annahme, daß es etwas »Neues« sein muß, was krankgemacht hat, ist eine Fehleinschätzung der Situation. Häufig ist für Patienten schwer verständlich, daß sie gerade jetzt (warum nicht früher?) auf etwas reagieren, was sie bisher vertragen haben. Genau diese lange Zeit der Exposition ist der Grund, warum man irgendwann auf ein Lebensmittel reagiert, wenn eine angeborene Anfälligkeit für Allergien vorliegt. Auf etwas ganz Neues, was man nie vorher verzehrt hat, kann man nicht reagieren, da die Antikörperbildung eine bestimmte Zeit braucht. Wenn man ein Nahrungsmittel lange genug verzehrt hat, kann dann der Eimer plötzlich überlaufen; man wird krank.

Es ist also nie das Besondere und in der Regel nie das Neue, was einen Patienten plötzlich erkranken läßt. Es gibt praktisch keinen Patienten, der ab der Geburt einen Heuschnupfen hat. Dieser stellt sich mehr oder weniger stark, früher oder später ein. Voraussetzung ist eine längerfristige Exposition (Inhalation) von Pollenallergenen in bestimmten Jahreszeiten.

»Eiweiß-Allergien« gibt es nicht

Was ein Patient unbedingt vermeiden sollte, ist Spekulationen anzustellen. So kommt es häufig vor, daß ein Patient glaubt, eine »Eiweiß-

Allergie« zu haben, ein Begriff, der völlig untauglich ist für die Suche nach den Nahrungsmittel-Allergenen. Dies hat sicher auch etwas mit unseren Medien zu tun, auch mit Außenseitermeinungen, die »Eiweiße« als schlecht bezeichnen. Meistens sind tierische Eiweiße, z. B. Kuhmilch oder Schweinefleisch, gemeint.

Eiweiße sind Grundbausteine aller Nahrungsmittel *von Pflanze und Tier*. Eiweiße (Proteine) kommen sowohl in Kuhmilch wie auch in Getreide, sogar im Pfefferminztee vor. Der Begriff »Eiweiß-Allergie« ist somit völlig untauglich. Außerdem verleitet er dazu, dem Patienten Angst zu machen, daß er alle Produkte, auf denen das Wort Protein oder Eiweiß abgedruckt ist, nicht vertragen könnte. Häufig wird auch der Fehler gemacht, verdachtsweise »Eiweiß« wegzulassen, ohne daß eine Diagnose vorliegt. Dies führt über kurz oder lang zu einer Mangelernährung.

Wenn das Wort »Eiweiß« genannt wird, muß es grundsätzlich mit der Nennung der Quelle verbunden sein. Man muß also z.B. von Hühner-Eiweiß-Allergie, Soja-Eiweiß-Allergie oder Getreide-Eiweiß-Allergie sprechen. Zu berücksichtigen bleibt dabei, daß Eiweiß-Allergien gegen tierische Nahrungsmittel bei Säuglingen und Kleinkindern entsprechend ihrer Ernährungsgewohnheiten häufiger sind als beim Erwachsenen. Allergien gegen Kuhmilch- oder Hühnereiweiß treten bei Kindern häufiger auf. In der Erwachsenenkost überwiegen pflanzliche Nahrungsmittel, so daß Allergien gegen tierische Eiweiße beim Erwachsenen wesentlich seltener sind.

Letztendlich besteht bei einer wie auch immer gearteten Unverträglichkeit eines Nahrungsmittels grundsätzlich die Gefahr, andere ursächliche Erkrankungen zu übersehen, wenn man sich zu sehr auf die Annahme einer Nahrungsmittel-Allergie als auslösende Ursache einer Erkrankung fixiert. Man kann auch mehrere Krankheiten haben, eine Milch-Allergie *und* ein Magengeschwür! Und wenn jemand einen Gallenstein hat, dann verträgt er häufig keine Hühnereier.

Es ist also, insbesondere bei Symptomen am Magen-Darm-Kanal, aber auch bei Asthma, bei Neurodermitis u.a. grundsätzlich erforderlich, auch an andere Erkrankungen zu denken, die scheinbar eine Allergie imitieren. Wir konnten bei unseren Patienten feststellen, daß bei 25 % überhaupt keine allergische Erkrankung, sondern alle möglichen anderen Erkrankungen vorlagen. Manche hatten sogar einen positiven allergologischen Test, was aber – wie bereits mehrfach erwähnt –, die Krankheit *nicht* unbedingt aufklärt. Auch hieraus kann man wieder ableiten, daß es ohne einen allergologisch erfahrenen Arzt nicht geht.

Ein Patient profitiert also am meisten, wenn er mit dem Arzt über seine Symptome spricht (Husten, Schnupfen, Hautjucken, Schwellungen u.a.), und nicht mit der Diagnose »Allergie« ins Haus fällt. Man kann auch einen Arzt verführen, mit in eine Sackgasse zu gehen, wenn eine Krankengeschichte allzusehr mit Spekulationen gespickt ist, »was es alles sein könnte«. Dabei wird dann oft ein wesentliches Detail vergessen, was dem Arzt ermöglichen würde, eine andere »Fährte« zu verfolgen. Das Protokoll ist eine der nützlichsten Hilfestellungen, die der Patient dem Arzt geben kann, wobei die Genauigkeit der Angaben im Rahmen des Möglichen eine Grundvoraussetzung ist. Wird z. B. berichtet, daß man durch ein Brötchen Bauchschmerzen bekommen hat, so ist es nicht sinnvoll, sofort von einer Weizenmehl- oder Hefe-Allergie zu sprechen und dabei zu vergessen, daß es sich um ein Sesambrötchen gehandelt hat. Auch der Belag ist wichtig sowie das begleitende Getränk.

Hauttestung mit Nahrungsmittel-Allergenen

Aus dem Anamnesegespräch und ggf. einem Protokoll, in Kenntnis der gesamten Krankengeschichte eines Patienten, können dann bestimmte Nahrungsmittelallergene gezielt getestet werden. Berücksichtigt man, daß etwa 6 000 Lebensmittel und Bestandteile auf dem Markt sind, so kann man anhand des Protokolls immer nur eine gezielte, kleine Auswahl der Testallergene treffen. Die Zahl der möglichen Auslöser kann man damit schon mal um einige Tausend vermindern. Was nicht verzehrt wird, muß auch nicht getestet werden.

Für die Hauttestung gibt es verschiedene Testtechniken:

Reibtest: Wenn vermutet wird, daß jemand äußerst stark allergisch ist (z.B. bei anaphylaktischem Schock), kann mit einem frischen Lebensmittel ein sogenannter Reibtest am Unterarm durchgeführt werden; nach 20 Minuten entstehen dann juckende Quaddeln, und die Haut rötet sich. Fällt dieser Test negativ aus, so ist lediglich eine *hochgradige* Sensibilisierung ausgeschlossen, nicht aber eine *mittelgradige* Allergie.

Prick-Test: Mit dem Prick-Test werden handelsübliche Allergielösungen auf die Haut aufgebracht, und mit einer kleinen Lanzette oder einer Nadel wird die Haut kurz angestochen. Nach 15 bis 20 Minuten entsteht dann eine Quaddel mit rotem Hof, die wie ein Mückenstich aussieht.

Scratch-Test: Beim Prick-Test ergibt sich z.B. bei Fruchtextrakten die Schwierigkeit, daß die fertigen Testlösungen die Allergene nicht mehr in ausreichendem Maße enthalten; der Test kann fälschlicherweise negativ ausfallen. Dann kann man auf den Scratch-Test ausweichen: Hier werden frische Lebensmittel auf eine oberflächliche Kratzstelle an der Haut aufgebracht, wiederum entstehen Quaddeln mit Rötungen innerhalb von 15 bis 20 Minuten.

Intrakutan-Test: Bei Kindern sind Prick-Tests für die wesentlichen Allergene mit Extraktlösungen aus dem Handel in der Regel ausreichend. Für Erwachsene trifft dies nicht immer zu. Fällt also ein Prick-Test negativ aus und bleibt der Verdacht auf eine allergische Reaktion durch ein ganz bestimmtes Lebensmittel bestehen, so muß intrakutan getestet werden. Hierbei wird ein Tropfen Extrakt mit einer Spritze in die Haut eingebracht; es kommt dann nach 15 bis 20 Minuten zu einer Reaktion wie ein großer Mückenstich.

Mitunter ist es erforderlich, die verschiedenen Testtechniken miteinander zu kombinieren. Insbesondere ist der Scratch-Test mit frischen Lebensmitteln eine gute Möglichkeit, einen evtl. negativen Prick-Test mit einem schwachen Allergenextrakt aus dem Handel zu überlisten.

Bei Hauttests sind schwere Nebenwirkungen in der Regel bei sinnvollem Umgang und in Kenntnis der Krankengeschichte nicht zu erwarten. Es ist aber nicht ganz auszuschließen, daß doch einmal eine Allgemeinreaktion (in der Regel das Symptom, an dem der Patient leidet) erscheint, wenn jemand höhergradig allergisch ist.

Finger weg von Selbst-Testung!

Meine Patienten sind mitunter auf die Idee gekommen, Scratch-Tests mit frischen Lebensmitteln nach der Weise, wie sie es in der Praxis gesehen haben, zu Hause durchzuführen, um den Arztbesuch zu sparen. Ich kann davor nur dringend warnen! Die Aggressivität eines Allergens ist den Patienten in der Regel nicht bekannt, er begibt sich durch den Selbst-Test möglicherweise in eine bedrohliche Situation.

Auch kann nicht alles im Scratch-Test überprüft werden. Sehr scharfe oder saure Produkte können sogenannte falsch-positive Hautrötungen hervorrufen, da sie die Haut reizen. Nicht jedes Produkt ist also für einen Scratch-Test geeignet.

Wie aussagekräftig ist ein Hauttest?

Ein positiver Hauttest alleine sagt noch nichts über die tatsächliche Krankheit des Patienten aus. Ein positiver Haut- oder auch Bluttest sagt lediglich aus, daß Antikörper vorhanden sind. Wie schon mehrfach erwähnt, braucht der Patient dabei keinerlei Beschwerden zu haben.

Ein positiver Haut- oder Bluttest kann drei verschiedene Bedeutungen haben:

1. Er kann Ausdruck einer früheren Erkrankung sein (z.B. liegt ein positiver Hauttest auf Kuhmilch vor, wenn in der Kindheit eine klinische Kuhmilch-Allergie bestand, die dann verschwunden ist).

2. Ein positiver Hauttest kann – er fällt dann in der Regel stärker aus – auch bedeuten, daß jetzt gerade eine bestimmte Erkrankung durch ein bestimmtes Nahrungsmittel-Allergen ausgelöst wird (aktuelle Sensibilisierung).

3. Ein positiver Hauttest kann schon lange vor Beginn einer klinischen Erkrankung vorhanden sein. Üblicherweise wird jedoch ein Allergietest dann durchgeführt, wenn jemand schon Symptome hat, also eine klinische Erkrankung vorliegt. Beispielsweise könnte man bei einem Patienten, der erstmals in einigen Jahren an den Symptomen eines Heuschnupfens leiden wird, schon einige Jahre vorher einen positiven Hauttest feststellen. Solange die Krankheit also nicht ausgebrochen ist, hat dieser Test lediglich die Aussage eines *möglichen* Beginns eines Heuschnupfens, er muß aber nicht eintreten!

Antikörperbestimmung im Blut

Für viele Nahrungsmittel-Allergene und Bestandteile gibt es die Möglichkeit der IgE-Antikörper-Bestimmung im Blut. Dieser Test ist aber um einiges unzuverlässiger als der Hauttest und kann für sich alleine nicht zur Allergie-Diagnose herangezogen werden. Man kann also keinem Patienten raten, Bluttests in einem Labor selbständig durchführen zu lassen, da die Interpretation nur vor dem Hintergrund der Krankengeschichte ärztlicherseits möglich ist.

Wie im vorletzten Absatz erklärt, muß der Nachweis von Antikörpern im Blut nicht zwangsläufig an das Auftreten von Symptomen gekoppelt sein. Wir konnten bei 50 Patienten mit positiver IgE-Antikörperbestimmung im Blut gegen Getreide mit Provokations- und Auslaßtests zeigen, daß nur 35 % wirklich Symptome durch den Verzehr von Getreideprodukten bekamen. 65 % der 50 Patienten hatten trotz des positiven Bluttests *keine* Beschwerden.

Auch die Zuverlässigkeit für die Labortests ist unterschiedlich. Man muß mit 50 % falsch-negativen Resultaten rechnen, obwohl nachweislich eine Allergie gegen tierische Proteine (z.B. Kuhmilch-Proteine, Fleisch, Fisch, Hühnerei) besteht. Hier muß ein Hauttest weiterhelfen. Bei pflanzlichen Nahrungsmitteln ergeben sich häufig positive Reaktionen, die überhaupt keine Bedeutung haben. So kann beispielsweise ein

Patient mit einer Getreidepollen-Allergie (Heuschnupfen) durchaus Antikörper gegen Roggenmehl haben, ohne daß dies eine Bedeutung hat. Der positive Test kommt durch die Kreuzreaktion zwischen Roggenpollen und Roggenmehl zustande. Die Blutbefunde werden mit Klassen (0–6) angegeben oder 0–4 je nach Testsystem (verschiedene Hersteller). All dies weiß nur der allergologisch erfahrene Arzt. Die IgE-Bestimmung im Blut kann also nur in manchen Fällen eine ergänzende Diagnostik darstellen.

Was bedeutet ein positiver Haut- oder Bluttest für die Ernährung?

Bei allen genannten Testverfahren muß berücksichtigt werden, daß sowohl die Hauttestlösungen, die Scratch-Tests mit frischen Lebensmitteln, wie auch die im nächsten Abschnitt besprochenen Labor-Bluttests immer mit unbearbeitetem Material (frisch, roh) durchgeführt werden. Daher dienen sie nicht grundsätzlich als Grundlage einer nachfolgenden Ernährungsempfehlung (Vermeidung oder geringerer Verzehr). Viele Nahrungsmittel werden, auch wenn der Test mit Frischextrakt positiv ausfällt, in der Regel gar nicht ungekocht verzehrt. Viele Nahrungsmittel-Allergene sind hitzelabil, sie werden im Kochtopf praktisch allergologisch inaktiv. Andere bleiben allergologisch aktiv, das heißt sie sind hitzestabil. Und dann gibt es Lebensmittel, die teilweise hitzestabil sind. Für die Ernährungsempfehlung muß all dies berücksichtigt werden. Wenn ein Lebensmittel zum Teil hitzestabil, zum Teil hitzelabil ist, so hängt es von der Krankengeschichte, vom Sensibilisierungsgrad (wie hochgradig ist jemand allergisch?) und auch von der Schwere des Symptoms ab, ob ein Nahrungsmittel dann ganz, teilweise oder gar nicht verzehrt werden darf und in welcher Form (roh oder gekocht).

Beispiele:

Äpfel sind hitzelabil; kaum ein Patient wird also auf Apfelmus reagieren. Dies gilt für fast alle Früchte, so daß ein positiver Hauttest mit einer Frucht in rohem Zustand grundsätzlich nicht bedeutet, daß sie gar nicht mehr verzehrt werden darf.

Haselnüsse und **Nüsse** überhaupt sind teilweise hitzestabil, so daß oft geraten werden muß, Haselnüsse gänzlich zu vermeiden. Die Entscheidung hierüber kann nur ärztlicherseits getroffen werden.

Auslaßtests (Eliminationsdiät) und Suchdiäten

Bei den allergologischen Diäten sind hier insbesondere die Eliminationsdiät, die Quasi-Nulldiät, die oligoantigene Diät zu nennen. Welche Tests und in welcher Reihenfolge sie durchgeführt werden, ist von Fall zu Fall unterschiedlich.

Eliminationsdiät

Stehen nur einige wenige Lebensmittel nach einer Allergiediagnostik in Kenntnis der Krankengeschichte zur Diskussion, so kann es durchaus sinnvoll sein, zunächst einmal einen sogenannten Auslaßtest durchzuführen. Der Patient muß dabei ein Protokoll führen. Kommt es zu einem Verschwinden der Symptome bei Auslassung einiger weniger Nahrungsmittel, so kann die Diagnostik beendet werden. Ist dies nicht der Fall, kann man auch mit einem Suchtest weitermachen.

Ein Auslaßtest (sogenannte Allergenkarenz) hat also nur dann einen Sinn, wenn man sicher weiß, was man auslassen möchte. Ungezielte Verfahren führen in der Regel zu einer Fehldiagnose. Besonders deutlich ist dies bei Magen-Darm-Erkrankungen: Da durch den Verzicht auf stark gewürzte oder blähende Speisen der Darm »geschont« wird, kommt es oft zu einer Verbesserung der Symptome. Das bedeutet dann im Rückschluß aber *nicht,* daß eine Allergie besteht. Ähnlich ist es, wenn jemand vermutet, daß er Kuhmilch nicht verträgt. Meidet er dann die Kuhmilch, so kann eine Besserung eintreten. Es kann also eine Kuhmilch-Allergie vorliegen, aber auch eine Laktose-Intoleranz (siehe S. 42) ist möglich. Die Unterscheidung ist klinisch insofern wichtig, als die Unverträglichkeit von Laktose eine ungefährliche Erkrankung ist, die Kuhmilch-Allergie hingegen gefährlich sein kann. Aus diesem Grunde ist eine exakte Diagnosestellung äußerst wichtig.

Besonders schwierig zu beurteilen sind ungezielte Auslaßtests bei einer Neurodermitis. Da diese immer schubweise verläuft, der Hautzustand mal besser, mal schlechter ist, kann eine rein zufällige Hautverbesserung während eines Auslaßversuchs fehlinterpretiert werden. In gleicher Weise sind sogenannte Provokationstests (Eßtests) mit dem Risiko der Fehldeutung behaftet (siehe unten).

Darüber hinaus gibt es noch das Phänomen der Gruppensensibilisierung. Dies bedeutet, daß verschiedene Nahrungsmittel, die einer Pflanzenfamilie angehören, auch gemeinsame Allergene haben. Bei einem Auslaßtest müssen diese Verwandtschaftsverhältnisse bedacht werden. Ein typisches Beispiel ist die Sensibilisierung gegen Erdnuß, bei der überaus häufig auch eine Soja-Allergie festzustellen ist. Soja und Erdnuß gehören zu den Hülsenfrüchten (Leguminosen; siehe Liste S. 82ff.). Es kann also bei nachweislicher Erdnuß-Allergie evtl. erforderlich sein, im Auslaßtest auch alle Hülsenfrüchte zu vermeiden. Dieses Vorgehen setzt eine Kenntnis der Biologie bzw. der biologischen Gruppen der Allergene voraus. Es geht also nicht ohne den allergologisch erfahrenen Arzt.

Quasi-Nulldiät

Die strengste Form der diagnostischen Diät ist die sog. Quasi-Nulldiät. Sie ist bestens geeignet zu klären, ob und in welchem Umfang Nahrungsmittel überhaupt ursächlich in Betracht zu ziehen sind. Dies kann insbesondere bei Neurodermitis wichtig werden, aber auch bei anderen Krankheitsbildern, für die viele andere Ursachen möglich sind. Die maximale Dauer von drei Wochen sollte nicht überschritten werden. Sind die Beschwerden stark, wird diese strenge Diät in der Regel vom Patienten gut angenommen, muß aber gelegentlich, je nachdem, an welchem Organ die Symptome auftreten, stationär durchgeführt werden. Für Kinder ist sie nicht geeignet. Kinderärzte geben statt dessen hypoallergene vorgefertigte Nahrung und Flüssigkeit.

Die Zusammensetzung der Quasi-Nulldiät:

- Mineralwasser
- geschälter Reis oder Kartoffeln
- gekochte Karotten und gekochter Blumenkohl
- milchfreie Margarine
- 2 Tassen schwarzer Tee oder Kaffee pro Tag
- Salz und Zucker

Verschwinden die Symptome unter der Quasi-Nulldiät ganz oder teilweise, kann ein Suchtest erfolgen. Bleiben die Krankheitszeichen bestehen, liegt keine Nahrungsmittel-Allergie vor.

Oligoantigene Diät

Eine weniger strenge Diät ist die oligoantigene Diät. Sie erlaubt in der Regel die Fortführung der beruflichen Tätigkeit, es erfolgt praktisch keine Mengenbegrenzung mit Ausnahme von Kaffee und Tee. Sie ist aus Nahrungsmitteln konzipiert, die selten in der angebotenen Weise allergische Symptome auslösen. Individuelle »Fehler« werden bei überschaubarem Repertoire und Protokollführung gleich erkannt. Auch hier ist die maximale Dauer drei Wochen.

Zusammensetzung der oligoantigenen Diät

- Brot aus Roggenmehl, Sauerteig, Wasser, Salz, evtl. geringer Weizenanteil
- Butter
- gekochter Schinken (vom Metzger)
- Reis, Kartoffeln, eifreie Nudeln
- Rindfleisch (als Braten, nicht kurzgebraten), auch als Brotbelag zu verwenden
- Putenfleisch, auch als Brotbelag
- gekochtes Gemüse: Karotten, Blumenkohl, Brokkoli, Zucchini, Spargel
- rohes Gemüse: Salatgurke und Radieschen
- Obst: Banane und Melone
- Sahne und Frischkäse, wenn eine Kuhmilch-Allergie nicht wahrscheinlich ist
- Gelee aus Beerenfrüchten, Rübenkraut
- zum Kochen und Backen: Becel-Produkte, Salz, wenig milder weißer Pfeffer, Zucker
- Getränke: Mineralwasser, 2 Tassen schwarzer Tee oder Kaffee pro Tag

Die Menge und die Zusammenstellung sind beliebig.

Wie bei der Quasi-Nulldiät gilt auch hier: Bleiben die Beschwerden bestehen, liegt keine Nahrungsmittel-Allergie vor.

Provokationstests

Handelt es sich um wichtige, eventuell stark allergene Grundnahrungsmittel, so kann unter ärztlicher Anleitung gelegentlich ambulant (meist ist aber eine stationäre Diagnostik erforderlich) ein Provokationstest unter bestimmten Voraussetzungen durchgeführt werden. Dieser »Eßtest« muß unter einer bestimmten Diät, die vom Arzt festgelegt ist, durchgeführt werden. Man gibt dabei ein verdächtigtes Nahrungsmittel in aufsteigender Menge in beispielsweise stündlichen Abständen und registriert die klinische Reaktion: bei Asthma durch Messung des Atemwiderstandes, bei Schnupfen durch Entstehung von Fließschnupfen, bei Hauterscheinungen durch das Auftreten derselben. Bei Magen-Darm-Allergien kann dies eine schwierige Aufgabe sein, da z.B. Bauchschmerzen und Blähungen nicht meßbar sind, sie werden subjektiv vom Patienten empfunden. Lediglich wenn Erbrechen oder Durchfall auftritt, ist die Sache klar. Ein solcher Test sollte unter Anleitung des Arztes und nicht im Eigenversuch erfolgen, da die Risiken von seiten des Patienten nicht abgeschätzt werden können. Bei nichtbedrohlichen Erkrankungen kann ein solcher Eßtest im Sinne einer Suchkost evtl. auch zu Hause durchgeführt werden, wenn regelmäßige Arztbesuche erfolgen.

Der sogenannte Doppelblindtest ist eine Untersuchung, die nur mit ärztlicher Anleitung stationär durchgeführt werden kann. Dabei weiß weder der Arzt noch der Patient, was an einem bestimmten Tag verzehrt wird. Die Bedingungen, die diesen Versuch erforderlich machen, muß der Arzt individuell festlegen. Ziel von Doppelblindversuchen ist, psychische Komponenten auszuschließen.

Such- oder Additionskost nach Werner

Der Einsatz einer »Suchkost« (auch Additionskost) nach Werner ist ein sehr aufwendiges und zeitraubendes Verfahren für ganz spezielle und schwierige Krankheitsbilder. Eine evtl. Verkürzung nach individuellen Verdachtsmomenten ist möglich. Das Prinzip beruht auf einer systematischen Prüfung von Nahrungsmitteln in biologischen Einheiten. Diese klassische Suchkost, wie sie unten aufgeführt wird, muß heute gemäß den modernen Ernährungsgewohnheiten um Soja, Erdnuß, Guarkern- und Johannisbrotkernmehl, Kiwi, Malz, Sellerie, Dinkel und Buchweizen (als Ersatz für Brotgetreide) und um Wild (als Ersatz für Rind- und Schweinefleisch) erweitert werden.

Bei Nachweis einer aktuellen Sensibilisierung gilt für die Karenzempfehlungen, daß manche »Allergene« denaturiert (gekocht oder anderweitig bearbeitet) des öfteren toleriert werden. Dies betrifft überwiegend die vegetabilen Allergene, weniger oder nur teilweise die tierischen Proteine.

Tabelle 5 Suchkost nach Werner

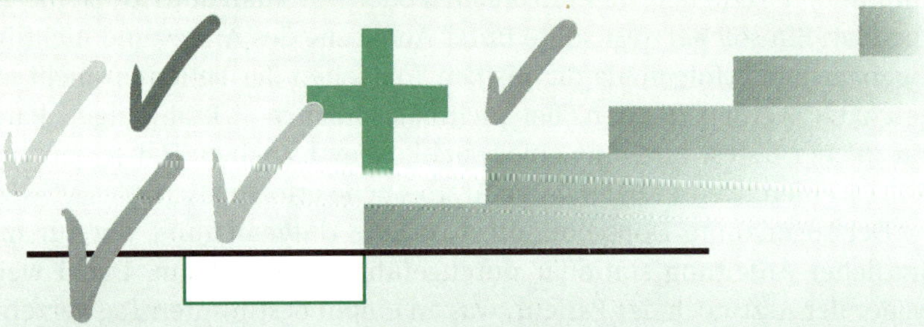

Stufe/Dauer	erlaubte Nahrungsmittel
Eliminationsstufe:	
1.–3. Tag:	750–1000 ml schwacher chinesischer Tee mit 100–150 g Traubenzucker
Additionsstufen:	
I. Stufe (4.–9. Tag):	*Kuhmilch*
4.–7. Tag:	frische Milch, zunächst nur 200 ml, dann bis zu 500 ml ansteigend, auch Buttermilch, Joghurt, Quark
8.–9. Tag:	Schokolade, Milchkakao
II. Stufe (10.–18. Tag):	*Getreide mit Wasser und Kochsalz zubereitet*
10.–11. Tag:	Haferbrei
12.–13. Tag:	Weizenmehl, Maizena, Grieß, Sago, Reis
14.–15. Tag:	Weizen als Feinbrot (4–6 Scheiben), Brötchen, Nudeln
ab 15. Tag:	Butter
16.–18. Tag:	Roggenbrot (4–6 Scheiben)
III. Stufe (19–22. Tag):	*Hühnerfleisch und Hühnerei*
19. Tag:	Hühnerfleisch
20.–21. Tag:	Hühnereier (3 Stück täglich)
IV. Stufe (23.–26. Tag):	*Nachtschattengewächse*
23.–24. Tag:	Saft und Mark von Tomaten
25. –26. Tag:	Kartoffeln, gekocht und gestampft (Kartoffelbrei), aber nicht gebraten
V. Stufe (27.–30. Tag):	*Fleisch*
27.–28. Tag:	Rind- und Kalbfleisch
29.–30. Tag:	Schweinefleisch oder Schinken

Stufe/Dauer	**erlaubte Nahrungsmittel**
VI. Stufe (31.–34. Tag):	*Meerestiere*
31.–32. Tag:	verschiedene Fische
33 –34. Tag:	ggf. noch Krebse, Langusten, Krabben
VII. Stufe (35.–37. Tag)	*Leguminosen*
je einen Tag:	Erbsen, Linsen, Bohnen
VIII. Stufe (38.–41. Tag):	*Obst*
je einen Tag:	Zitrusfrüchte, Äpfel, Birnen, Bananen; Erdbeeren, Stachelbeeren und Himbeeren; Kirschen, Pflaumen
IX. Stufe (42.–45. Tag):	*Gemüse*
je einen Tag:	Kohlsorten; Spargel, Lauchgemüse, Knollen, Wurzelgemüse; Spinat, Mangold, Artischocken und andere

Die Diagnostik von Pseudo-Allergien gegen Zusatzstoffe

Wie bereits in den vorherigen Kapiteln ausgeführt, gibt es mehrere Arten von Unverträglichkeitsreaktionen. Von Seite 51 bis 62 wurde über die Diagnostik von Nahrungsmittel-Allergien berichtet. Im folgenden geht es um die Möglichkeiten, Intoleranzreaktionen, sogenannte Pseudo-Allergien, auf Lebensmittel-Zusatzstoffe festzustellen.

Die Häufigkeit von Intoleranzreaktionen gegen Lebensmittel-Zusatzstoffe chemischer Zusammensetzung wird zahlenmäßig erheblich überschätzt. In Europa schätzt man, daß etwa 0,3 bis 1 % der Menschen an Problemen durch diese Substanzen (gemäß der E-Nummernliste) leiden.

Intoleranzreaktionen durch Lebensmittel-Zusatzstoffe sind *keine Immunreaktionen*, das heißt es werden *keine Antikörper* gebildet. Sie ahmen aber die klinische Symptomatik echter allergischer Reaktionen häufig nach; es kann also gleichermaßen zu Schnupfen, Husten und Atemnot, Nesselfieber, Verstärkung einer Neurodermitis, Magen-Darm-Beschwerden u.a. kommen. Aus diesem Grunde hat man ihnen auch den Begriff der »Pseudo-Allergie« zugeordnet. In Tabelle 14 auf Seite 127 sind diejenigen Lebensmittel-Zusatzstoffe zusammengestellt, die Pseudo-Allergien auslösen können, sowie jene, für die keine Reaktionen bekannt sind.

Die diagnostischen Möglichkeiten für Pseudo-Allergien durch Lebensmittel-Zusatzstoffe ist oft begrenzter als die von Allergien. Da keine Antikörper gebildet werden, stehen auch keine Haut- oder Bluttests zur Verfügung. Die Krankengeschichte (Anamnese) ist sehr wichtig. Auch hier kommt dem ärztlichen Gespräch eine weitaus größere Bedeutung als dem Fragebogen zu. Ergänzend ist dabei wiederum das Protokoll des Patienten. Nun weiß aber nicht jeder Patient immer, wo und in welchen Mengen Zusatzstoffe beigefügt sind, wenn er nicht genau die Zutatenliste gelesen hat. Steht also ein Produkt unter Verdacht, so ist es grundsätzlich erforderlich, anstelle des Verdachts einer »Zusatzstoff-Intoleranz« die Zutatenliste aufzuheben und dem Arzt mitzubringen.

Eine weitere Möglichkeit der Diagnostik besteht dann in einem sogenannten Auslaßversuch, das heißt Vermeidung derjenigen Produkte, die bestimmte Zusatzstoffe enthalten.

Zusatzstoffe, die in Hautpflegemitteln *und* Nahrungsmitteln vorkommen, können gelegentlich Hautkontaktreaktionen auslösen. In einigen wenigen Fällen kann es erforderlich werden, mit einem sogenannten Pflaster-Test, auch Läppchen- oder Epikutan-Test genannt, Lebensmittel-Zusatzstoffe zu testen. Beim Epikutan-Test werden allergene Substanzen mit Pflastern auf die Haut geklebt; nur dort entsteht eine Reaktion. In der Regel fallen diese Tests negativ aus, nur in Einzelfällen ergibt sich eine positive Hautreaktion nach 48 Stunden. Die Ergebnisse sind oft ohne klinische Bedeutung für den Verzehr der Lebensmittel, oder sie haben nur eine Aussagekraft über die äußerliche Anwendung von Zusatzstoffen, die in der Lebensmittel-, in der Medikamenten- oder in der kosmetischen Industrie Verwendung finden.

Für den sicheren Nachweis einer Pseudo-Allergie sind in der Regel nur ärztlich geleitete Provokationstests möglich. Ein Zusatzstoff wird dann dem Patienten in Kapselform in aufsteigender Dosierung verabreicht. Diese Tests sind praktisch nur unter stationären Bedingungen möglich. In der Regel werden bei Verdacht auf Zusatzstoff-Intoleranz bestimmte, häufig krankmachende Lebensmittel-Zusatzstoffe an unterschiedlichen Tagen nach einem bestimmten Schema überprüft.

Die Diagnostik von Intoleranzen gegen biogene Amine

Sind biogene Amine, die natürlicherweise in bestimmten Lebensmitteln vorkommen (siehe Seite 137ff.), für Intoleranzen verantwortlich, dann können auch sie nur über die Krankengeschichte und über das

Führen eines Protokolls (wann wurde was verzehrt, welches Symptom ist entstanden) ausfindig gemacht werden. Krankhafte Reaktionen durch biogene Amine sind in der Regel ungefährlich und verschwinden meistens spontan. Sie haben nichts mit einer Allergie und einer Pseudo-Allergie gegen Lebensmittel-Zusatzstoffe zu tun. Es sind Intoleranz-Reaktionen.

Auch hier kann praktisch nur ein gezielt vom Arzt veranlaßter Auslaßtest, der die möglichen biogenen Amine in bestimmten Lebensmitteln kennt, Klärung bringen. Eine weitere Möglichkeit ist der Provokationstest, der in der Regel, da er ungefährlich ist, auch zu Hause nach Anleitung verbunden mit regelmäßigen Arztbesuchen durchgeführt werden kann. Wie eine sogenannte Probekost aussieht, die frei von biogenen Aminen ist, lesen Sie auf Seite 148.

Da biogene Amine aber vielfältige Symptome auslösen können, die viel häufiger auf andere Ursachen zurückzuführen sind, sollten sie mit Spekulationen äußerst vorsichtig sein. Wie die folgende Zusammenstellung zeigt, gehören Kopfschmerzen und Migräne zu den häufigsten Symptomen. Sie können aber auch unendlich viele andere Ursachen haben, und daher ist es sehr wichtig, daß die Diagnose sicher gestellt wird. Ohne ärztliche Anleitung ist dies nicht möglich. Einige wenige Patienten wissen aber schon aus jahrelanger Erfahrung, daß sie insbesondere durch Käse, aber auch durch alkoholische Getränke und durch Schokolade Kopfschmerzen bekommen. Aber nur bei einem sehr geringen Teil der Kopfschmerzpatienten läßt sich tatsächlich eine Intoleranzreaktion auf biogene Amine feststellen. Alle anderen Ursachen sind wesentlich häufiger. Bei Frauen handelt es sich oft um hormonell bedingte Kopfschmerzen.

Häufigkeit der Symptome bei Intoleranz gegen biogene Amine in absteigender Reihenfolge:

- Kopfschmerzen/Migräne
- Herzklopfen
- Nesselfieber (Urtikaria)
- Bauchbeschwerden
- Blutdruckabfall
- Atemnot

Genaueres zur Unverträglichkeit von biogenen Aminen finden Sie ab Seite 137.

Pur-Zellin

Die Therapie von Nahrungsmittel-Allergien

Ziel der allergologischen Diagnostik ist es, anschließend eine gezielte Therapie durchführen zu können. Im Falle von Nahrungsmittel-Allergien wie auch anderen Allergien besteht die wichtigste Therapie in der Vermeidung des auslösenden Stoffes, der Allergenkarenz. Dies ist in der Regel bei Nahrungsmittel-Allergenen in vielen Fällen möglich, in manchen aber nicht immer oder nicht in ausreichendem Maß. Da die Sicherstellung der Ernährung und nicht nur die Allergenkarenz ein wichtiges Therapieprinzip bei allergologischen Diäten ist, muß man gelegentlich Kompromisse eingehen. Das heißt, es müssen in Einzelfällen Nahrungsmittel in bestimmter Zubereitungsform und vielleicht in geringeren Mengen in der Ernährung belassen werden, um die ausreichende Zufuhr an Fett, Eiweiß, Kohlenhydraten, Vitaminen und Spurenelementen zu sichern. In diesen Fällen kann es erforderlich werden, dann und wann oder regelmäßig antiallergische Medikamente zu verabreichen, die die verbleibenden Symptome unterdrücken. Hier sind in erster Linie sogenannte Antihistaminika zu nennen, für die es vielfältige Anwendungsbereiche gibt. Sie machen gelegentlich müde und können auch die Fahrtüchtigkeit beeinträchtigen. Diese Nebenwirkungen treten aber nicht bei allen Medikamenten und bei jedem Patienten auf. Mitunter muß man nach Empfehlung des Arztes das eine oder andere Antihistaminikum ausprobieren.

Der Einsatz von Medikamenten

Nicht immer gelingt es einem Patienten, auch in Kenntnis seiner Diagnose, wichtige krankheitsauslösende Allergene aus der Nahrung zu vermeiden, was häufig bei Festlichkeiten, in Restaurants, bei Ready food, in Kantinen und anderen Außerhausverpflegungen der Fall ist. Für diese Fälle sind Antihistaminika ebenfalls geeignet, die eingetretenen Symptome rückgängig zu machen. In schweren oder sogar lebensbedrohlichen Fällen kann es erforderlich werden, auch Cortison-Präparate zu geben. Besonders geeignet sind wäßrige Cortison-Lösungen, da sie getrunken werden und schneller wirken. In diesen Fällen sollte auch das Antihistaminikum eine Tablette sein, die man kauen kann und deren Wirkung schneller einsetzt.

In allerschwersten Fällen, bei Eintritt eines allergischen Schocks, muß zusätzlich das lebensrettende Medikament Adrenalin gegeben werden, entweder in Form einer Spritze, die der Patient sich selbst verabreicht, oder in Form eines Sprays (Adrenalin-Inhalation).

Die beste Therapie: die Allergenvermeidung

Die beste Form der Therapie bleibt jedoch die Allergenvermeidung, das heißt eine möglichst sichere Diät. Dabei muß der Patient gut aufgeklärt werden, um diese Diät überhaupt einhalten zu können. Dabei sind »Erlaubtlisten«, die der Arzt erstellen kann, wesentlich hilfreicher als »Verbotslisten«. Eine Allergiediät, die allgemein verbindlich für jeden Patienten hilfreich ist, gibt es nicht. Jeder Patient ist gegen seine Allergene empfindlich; die Allergenmuster sind von Patient zu Patient äußerst unterschiedlich. Wie streng und umfangreich eine Allergiediät sein muß, kann auch nur ärztlicherseits entschieden werden; dabei müssen die allergologische Aggressivität eines bestimmten Nahrungsmittels bei einem bestimmten Patienten sowie dessen Schwere der Allergie, also der Sensibilisierungsgrad, berücksichtigt werden. Selbst bei Patienten, die gleichartige Allergene haben, fallen die Ernährungsempfehlungen oft sehr unterschiedlich aus.

Aus diesem Grund sind die meisten auf dem Markt befindlichen Bücher über sogenannte »Allergiediäten« wenig dienlich und hilfreich, sie führen zu Verwirrung, zu Fehlernährung, zu Angst und können nicht ohne weiteres empfohlen werden. Jeder Patient hat sein spezielles Allergenmuster und bedarf deswegen seiner speziellen Diätetik. Eine Liste mit empfehlenswerter Literatur finden Sie ab Seite 197.

Auch Ideologien sind dem Allergiker wenig hilfreich. Die oft heraufbeschworene strikte Meidung von Schweinefleisch, Weißmehl und Zucker ist nicht in der Lage, einen Allergiker gegen Getreide, Hühnereier, Nüsse oder Äpfel zu heilen. Wer gegen Schweinefleisch allergisch ist, muß es vermeiden, ansonsten kann es ohne Probleme verzehrt werden.

Homöopathie und Bioresonanz

Auch homöopathische Medikamente können im Einzelfall dem Allergiker helfen, man sollte sich darauf aber keinesfalls verlassen. Bioresonanz-Tests und »Löschen« der Allergie durch Bioresonanz, was zunehmend propagiert wird, ist nicht möglich.

Ein allergischer Patient muß leider akzeptieren, daß in der Regel seine Allergieneigung im Erbgut liegt. Und dieses Ererbte läßt sich weder behandeln noch heilen. Die Behandlungsmöglichkeiten für den Allergiker bestehen in der Vermeidung der Allergene und ggf. in einer Therapie mit verschiedenen Medikamenten, die allergische Reaktionen mildern oder zum Verschwinden bringen können.

Außenseiterdiäten

Auch sogenannte »Immundiäten«, wie sie ebenfalls empfohlen werden, sind nicht dienlich, da sie von der Vorstellung ausgehen, daß das Immunsystem gestärkt werden müßte. In der Einleitung wurde darüber gesprochen, daß das Immunsystem des Allergikers nicht geschwächt, sondern überreizt reagiert.

Es gibt verschiedene alternative Ernährungsformen wie beispielsweise die Haysche Trennkost, die Vollwertkost, die vegetarische Kost oder die veganische Kost. Alle diese Kostformen sind nicht spezifisch für Allergiker. Allergien werden jedoch spezifisch von ganz bestimmten Allergenen ausgelöst, so daß nur die Vermeidung genau dieses Allergens für einen Patienten hilfreich sein kann.

Naturheilmedikamente

Letztendlich seien noch Naturheilmedikamente erwähnt. Da sich Allergien in der Regel gegen ganz natürliche Stoffe richten, gibt es viele Medikamente auf Pflanzenbasis, die selbst potentielle Allergene sein können. Dem Patienten mit Pollen-Allergie zum Beispiel ist es oft nicht dienlich, bei Husten und Atemnot im Zuge einer Erkältung Kamilleblüten zu inhalieren. In ähnlicher Weise müssen auch Medikamente kritisch betrachtet werden, die für Magen-Darmerkrankungen eingesetzt werden. Für den Allergiker ist die Natur häufig nicht sehr gesund!

Genauere Informationen zum Thema pflanzliche Medikamente finden Sie ab Seite 167.

Alle weiteren folgenden Kapitel werden Ihnen wichtige Informationen geben, wie Sie das hauptsächliche Standbein der Therapie, die Allergenmeidung, in die Praxis umsetzen können.

Lebensmittelkunde aus allergologischer Sicht

Die Lebensmittelkunde aus allergologischer Sicht ist etwas völlig anderes als die allgemeine Lebensmittelkunde, die sich mit dem Nährwert von Nahrungsmitteln beschäftigt. Sie stellt den Gehalt an Kohlenhydraten, Eiweiß (Protein), Fett, Vitaminen, Mineralstoffen und Spurenelementen in den Vordergrund. Aus allergologischer Sicht steht das Vorkommen von Allergenen – man spricht auch von der Ökologie der Allergene –, die Stärke ihrer allergischen Wirkung und ihre Labilität und Stabilität gegenüber Hitze im Vordergrund.

Viele Nahrungsmittel-Allergene sind hitzelabil

Im Prinzip kann jedes nur erdenkliche Nahrungsmittel oder ein Bestandteil eine allergische Reaktion auslösen. Es gibt jedoch eine Vielzahl von Nahrungsmitteln, die so gut wie nie (oder allenfalls im Einzelfall) allergische Reaktionen verursachen. Die Zahl derjenigen Lebensmittel, die häufig zu Krankheitsauslösern zählen, ist unter Berücksichtigung der großen Zahl verfügbarer Lebensmittel relativ begrenzt.

Nur wenige Nahrungsmittel-Allergene sind in ihrer Molekülstruktur bislang teilweise oder gänzlich identifiziert, d.h. die Aminosäurezusammensetzung ist nicht bekannt. (Aminosäuren sind die kleinsten Bausteine des pflanzlichen, tierischen und menschlichen Eiweißes.) Überwiegend sind es diejenigen, die hitze- oder säurestabil sind.

Die allergieauslösende Eigenschaft von Allergenen, die sogenannte Immunogenität, wird offenbar auch durch die Größe der Moleküle bestimmt. Man spricht vom Molekulargewicht. Sehr kleine Moleküle können ggf. als Teilantigen fungieren.

Die Beurteilung eines Allergens erfolgt durch seine allergene Potenz. Hochpotente Allergene sind Fisch, Schalentiere, Hühnerei, Pflanzensamen und Knollen. Die Unterscheidung zwischen geringer und hoher allergener Potenz ist auch für die Erarbeitung eines Speiseplans wichtig, da sich hier für viele Patienten reichlich Alternativen finden lassen.

Für die allergene Potenz ist auch die Stabilität der allergenen Aktivität entscheidend. Die Allergene von Früchten sind äußerst labil, sie zerfallen offenbar durch Hitze und Oxidation, wenn sie mit Luft oder auch mit Zitronensäure in Kontakt kommen. Wesentlich stabiler sind verschiedene tierische Proteine, aber auch Getreide, Hülsenfrüchte, Soja und Nüsse. Dieser Umstand ist von praktischer Bedeutung für die Ernährungsberatung. Hitze beim Kochen, Backen und Braten verändert die Allergene in ihrer Struktur, wodurch die allergene Aktivität reduziert oder aufgehoben werden kann. Deshalb ist es auch nicht notwendig, generell alle Lebensmittel aus dem Speiseplan zu streichen, auf die der Patient einen positiven Haut- oder Bluttest hatte, da hier immer die rohe Substanz getestet wird. Die Unterscheidung zwischen hitzelabilen und hitzestabilen Nahrungsmitteln ist also von praktischem Interesse. Auch der Reifegrad eines Nahrungsmittels kann Einfluß nehmen auf die Allergenität; sie kann abnehmen, aber auch zunehmen (was seltener ist). Sehr selten kommt es zu einer Steigerung der Allergenität durch Erhitzungsprozesse. Beispielsweise kann Paprika in roher Form weniger allergen sein als in gekochter Form. Der Verdauungsprozeß nimmt ebenfalls Einfluß auf die Antigenität verschiedener Nahrungsmittel-Allergene.

Beispiele

Beispiel 1: Viele Patienten mit Baumpollen-Allergien können beim Kartoffelschälen Schnupfen, Bindehautentzündung oder Hautjucken an den Händen bekommen. In diesem Falle ist der Hauttest mit frischer Kartoffel in der Regel positiv. Kartoffeln werden aber in roher Form praktisch nicht verzehrt, so daß der positive Hauttest mit frischer Kartoffel lediglich etwas über die möglichen Folgen beim Umgang mit *rohen* Kartoffeln aussagt. Über die klinischen Folgen beim Verzehr gekochter oder gebratener Kartoffeln kann durch den Test keine Aussage getroffen werden. Tatsächlich gibt es kaum Patienten, die gekochte Kartoffeln nicht vertragen.

Beispiel 2: Ein Beispiel aus dem Bereich der tierischen Nahrungsmittel ist Schweinefleisch. Der Hauttest mit rohem Schweinefleischextrakt kann in Einzelfällen (meist bei Tier-Allergikern) positiv ausfallen. Durch Braten und Kochen verliert das Schweinefleisch in der Regel seine allergieauslösende Wirkung, so daß Schweinefleisch sehr oft trotz eines positiven Hauttests gekocht oder gebraten verträglich ist.

Beispiel 3: Es gibt jedoch auch Lebensmittel, die teilweise hitzestabil sind. Durch Kochvorgänge geht die allergene Wirkung nicht bei jedem Patienten verloren. Dazu folgendes Beispiel: Bei einer Kuhmilch-Allergie kommt es vor, daß Kuhmilchprodukte in roher Form nicht verträglich sind und daß manche Kuhmilchprodukte auch nach dem Kochvorgang noch eine gewisse allergene, krankheitsauslösende Wirkung haben. Dies kann nur im Einzelfall geklärt werden. Mancher Patient kann keine rohe Milch trinken, aber gekochte verträgt er gut.

Beispiel 4: Ein weiteres Beispiel hierfür ist Getreide, das teilweise hitzestabil ist. So kann es sein, daß *wenige* Patienten mit einer Mehl-Allergie auch gebackenes Brot nicht vertragen; das muß aber nicht sein. In der Regel sind Roggen- *und* Weizenmehl-Allergien bei einem Patienten in gleicher Stärke zu finden, d.h. der Hauttest mit rohem Mehlextrakt ist positiv. Bei manchen Patienten kann es sein, daß Weizenmehlprodukte schlechter vertragen werden, da die Backzeiten wesentlich kürzer sind als bei Roggenmehl. Bei fast allen Patienten mit Roggenmehl-Allergie (positiver Hauttest) ist ein langgebackenes Bauernbrot mit hohem Roggenanteil verträglich.

! Bei hitzestabilen oder teilweise hitzestabilen Nahrungsmitteln entscheidet die Koch- oder Backzeit ganz wesentlich über die Verträglichkeit. Je länger die Back- oder Kochzeit, um so mehr kommt es zu einem Verlust der allergenen, krankmachenden Wirkung. Wie bereits mehrfach gesagt, darf der positive Blut- oder Hauttest nicht ausschließlich als Grundlage einer Allergie-Diät dienen. Da diese Tests lediglich nachweisen, daß Antikörper gegen ein bestimmtes Lebensmittel vorhanden sind, aber keine Aussagen über die Verträglichkeit beim Verzehr zulassen, müssen die Testergebnisse immer im Zusammenhang mit der Krankengeschichte betrachtet werden. Das kann nur ein allergologisch erfahrener Arzt.

Führt man in einen Speiseplan im Rahmen einer Suchtkost ein neues Lebensmittel ein, so sollte es grundsätzlich erst in gekochter oder gebackener Form geprüft werden und dann evtl. später in roher Form.

Allergologisch tätige Ärzte unterscheiden darüber hinaus Lebensmittel von hoher allergener Aggressivität (sogenannte Risiko-Allergene) und mittelstarke wie auch schwache Allergene. Es muß bei der individuellen Ernährungsberatung dann festgestellt werden, ob ein sehr hoher Sensibilisierungsgrad besteht, d.h. ob es sich um eine starke Allergie handelt. Das läßt sich durch das individuelle Krankheitsspektrum des Patienten bestimmen. Außerdem muß der Arzt beurteilen, ob es sich im Falle eines positiven Tests um ein Nahrungsmittel handelt, welches hitzestabil oder hitzelabil ist, und ob es sich um ein schwaches oder starkes Nahrungsmittel-Allergen handelt.

Merke!

Ohne eine individuelle Diagnose (welche Krankheit liegt vor, welche Sensibilisierungen sind vorhanden) kann keine Allergie-Diät erarbeitet werden. Die so häufig geübte Praxis, im Fall positiver Tests das Allergen völlig zu meiden, führt über eine übertriebene Einschränkung des Ernährungsrepertoires oft zu einem erheblichen Verlust der Lebensqualität und der Möglichkeit einer Mangelernährung. Bei allen Nahrungsempfehlungen muß aber darauf geachtet werden, daß eine gesunde, ausgewogene und dem Bedarf des Körpers angepaßte Ernährung sichergestellt ist. Dabei können allergieerfahrene Ernährungsberater der Krankenkassen helfen.

Im Zuge unserer Überflußgesellschaft haben wir uns daran gewöhnt, daß die Auswahlmöglichkeiten immens sind. Der Markt bietet unzählige verschiedene Früchte, Gemüse, Gewürze und Kräuter an. Allergiker müssen sich leider häufig von der Vorstellung trennen, daß eine Mangelernährung dann entsteht, wenn von vielen Obstsorten nur zwei oder drei übrig bleiben, die frisch verzehrt werden können. Auch damit ist eine gesunde Ernährung möglich.

Die Deklarationspflicht bei Fertigprodukten

Probleme für Nahrungsmittel-Allergiker ergeben sich häufig durch die unübersehbare Vielfalt an Fertigprodukten und Speisenhilfen (z.B. Soßenbinder, Lebensmittelfarben). Da die Zusammensetzung der Produkte nicht immer in allen Details deklariert ist, wird es bei manchen Allergikern notwendig, auf die eigene Küche zurückzugreifen, denn »da weiß man, was man hat«.

Auch wenn eine Kost, die auf jegliche Fertigprodukte verzichtet, auf den ersten Blick zeitaufwendiger erscheint, so ist sie doch oftmals schmackhafter. Durch den Verzicht auf Einheitssoßen und ähnlichem wird der Eigengeschmack von Fleisch und Gemüse wieder deutlicher. Und im Zeitalter der Kühltruhe und der Mikrowelle kann man durch Vorkochen und Einfrieren wieder Zeit wettmachen.

Was muß deklariert werden?

Für die Bundesrepublik Deutschland besteht eine sogenannte erweiterte qualitative Kennzeichnungspflicht, das heißt die Inhaltsstoffe müssen benannt werden, Mengenangaben werden aber in der Regel nicht gemacht. Diese Kennzeichnungspflicht ermöglicht es Allergikern, sich über die meisten Inhaltsstoffe zu informieren.

Allerdings gibt es auch hier Tücken. Wird einem Lebensmittel etwa eine Gewürzmischung oder eine Aromastoffmischung zugesetzt, so sind diese zwar als solche ausgewiesen, es geht jedoch nicht daraus hervor, aus welchen Einzelzutaten diese Mischungen wiederum bestehen. Ein Beispiel ist der Sellerie, ein Allergen mit einer hohen allergenen Potenz. Sellerie ist Bestandteil fast aller Würzmischungen, ist aber als Einzelsubstanz nicht genannt.

Auch für nicht verpackte Ware besteht keine Kennzeichnungspflicht. Kauft man z.B. offenen Fleischsalat vom Wochenmarkt, so wird man über die Zutaten im Unklaren bleiben. Die Zutaten des abgepackten Fleischsalates aus dem Supermarkt hingegen sind deklariert. Auf dem Markt oder im Kaufladen wird man mitunter auch schief angesehen, wenn man sich über die Zusammensetzung offener Waren informiert; gleiches gilt für Speisen im Restaurant, insbesondere, wenn das Menü hinsichtlich der Zusammensetzung von Soßen und Suppen undurchschaubar ist. Deklarationspflicht besteht in Lokalen nur für bestimmte Konservierungsstoffe. Gerade die Gemeinschaftsverpflegung (Kantine, Mensa, Restaurant, Snackbuden etc.) kann für den Allergiker deshalb problematisch sein, denn hier können die zu meidenden Allergene oft nicht erkannt und erfragt werden (siehe auch S. 117).

Der Allergiker ist einerseits besser beraten, wenn er deklarierte Produkte kauft, andererseits sind diese in der Regel überladen mit völlig überflüssigen Zutaten. Viele Zusätze, in der Regel mit E-Nummern benannt, werden aus lebensmitteltechnologischen Gründen beigefügt. Sie haben vielfältige Aufgaben in bezug auf Haltbarkeit, Stabilität, Konsistenz oder auch Farbe und Geschmack des Produktes. (Genaueres dazu finden Sie ab Seite 125 im Kapitel über Lebensmittel-Zusatzstoffe.) All dies sind Gründe, die im normalen Haushalt entfallen. Mittlerweile sind viele Bäcker oder Metzger bereit, auf entsprechenden Wunsch und bei größerer Mengenabnahme individuelle Produkte herzustellen. Das reichhaltige Angebot an Nahrungsmitteln bietet in den meisten Fällen Alternativen an. So gibt es beispielsweise milchfreie Margarine als Butterersatz, Soja als Milchersatz, Fleischkonzentrate bei Hefe-Allergie und Hefebrühen bei Fleisch-Allergie.

Aus dem Zwiespalt zwischen frischer, nur kurz haltbarer Ware, mangelnder Deklarationspflicht und deklarierter, oft mit Zusätzen überfrachteter Nahrung wird der Allergiker nicht herauskommen, da die Lebensmittel-Technologie die Zukunft beherrschen wird. Auf der anderen Seite sollten die Lebensmittel-Zusatzstoffe auch nicht als »unnütze Chemie« verteufelt werden, denn bei den meisten handelt es sich um natürliche Substanzen.

Aus allen bislang durchgeführten Studien geht hervor, daß die natürlichen, unveränderten Nahrungsmittel die stärksten und die problematischsten Allergene beinhalten. Die Intoleranzen gegen Zusatzstoffe chemischen Ursprungs, also die Pseudo-Allergien (siehe auch S. 21ff.), haben in der Bevölkerung einen viel geringeren Anteil. Pseudo-allergische Reaktionen sind in der Regel wesentlich weniger bedrohlich als die Nahrungsmittel-Allergien. Eine Überbewertung des Zusatzstoffproblems ist also nicht sinnvoll.

Nahrungsmittel mit geringer und hoher Allergenität

In der folgenden Übersicht sind Nahrungsmittel, die häufig Allergien auslösen (linke Spalte), denen gegenübergestellt, die eher selten und auch nur schwächere allergische Reaktionen verursachen (rechte Spalte).

! Diese Gegenüberstellung schließt jedoch nicht aus, daß im Einzelfall auch Patienten auf Nahrungsmittel allergisch reagieren, die selten Allergien verursachen.

Da bei uns ein ungewöhnlich vielfältiges Nahrungsangebot besteht, hat fast jeder Patient genügend Ausweichmöglichkeiten, die es ermöglichen, den Speiseplan dennoch vielfältig zu gestalten.

Tabelle 6 Gegenüberstellung pflanzlicher und tierischer Lebensmittel mit hoher (links) und geringerer Allergenität (rechts) (Beispiele)

Häufige und stärkere Allergieauslöser	Seltene und schwache Allergieauslöser
Pflanzliche Nahrungsmittel	
Getreide	
Vollkornprodukte	Misch-/Bauernbrot, gut ausgebacken
Getreidekörner (Müsli)	Knäckebrot
Haferflocken, grobe	Haferflocken, feine (blütenzart)
	Kleie
Backhefen	Sauerteigbrot

Häufige und stärkere Allergieauslöser	**Seltene und schwache Allergieauslöser**
Pflanzliche Nahrungsmittel	
Gemüse und Salate	
oft wird rohes Gemüse schlechter vertragen	oft wird gekochtes Gemüse besser vertragen
Sellerie	Blattsalat
Karotten, rohe	Salatgurke
Hülsenfrüchte	Kohl
Erdnüsse	Kohlrabi
	Prinzeßbohnen
Tomate	Zucchini
Paprika	Aubergine
	Spargel
	Spinat
	Kartoffel
	Radieschen
	Rettich
Obst	
Apfel	Beerenfrüchte
Kirsche	Himbeere
Pfirsich	Brombeere
Kiwi	Johannisbeere
Orange	Heidelbeere
Erdbeere	Mandarine
	Pampelmuse
	Quitte
Nüsse/Samen	
Haselnuß	Kokos
Walnuß	Pekanuß
Mandel	Marzipan
Paranuß	
Pistazien (selten, aber hohe Allergenität)	
Mohn (selten, aber hohe Allergenität)	
Sesam (selten, aber hohe Allergenität)	
Sonnenblumenkerne	
Säfte	
Säfte von Stein- und Kernobst	Säfte von Beeren
Zitrussäfte (Orangen, Zitronen, Grapefruit)	

Häufige und stärkere Allergieauslöser	Seltene und schwache Allergieauslöser
Pflanzliche Nahrungsmittel	
Brotaufstriche	
Erdbeermarmelade	Gelees von Beeren
	Rübenkraut/Sirup
Honig (Wiesen)	Waldhonig
	Tannenhonig
Gewürze und Kräuter	
Sellerie	Rosmarin
Paprika, scharf	Thymian
Pfeffer, scharf	Majoran
Pfeffer, grün	Salbei
Basilikum	Ingwer
Beifuß	Zimt
Schnittlauch	Muskat
Dill	Nelken
Petersilie	
Curry	
Koriander	
Tierische Nahrungsmittel	
Milch	
Vollmilch	H-Milch (0,3%)
Quark	Dosenmilch
Joghurt	Sahne, süß
	Butter
	Molke
Schnittkäse	Frischkäse
Schimmelkäse	Streichkäse
Fleisch und Geflügel	
Hühnereiklar	Hühnereigelb
Rindfleisch	Lamm
Schweinefleisch	Wild
Innereien	Putenfleisch
Hühnerfleisch	
Rohwurst	Kochwurst

Häufige und stärkere Allergieauslöser	Seltene und schwache Allergieauslöser
Tierische Nahrungsmittel	
Fisch	
Salzwasserfische	Süßwasserfische (z.B. Forelle)
Schalentiere	
Krabben	Tintenfisch

Nahrungsmittel, die selten allergische Reaktionen auslösen

Merke: Es gibt immer Ausnahmen

Früchte, Nüsse, Süßungsmittel

Ananas
Birne
Brombeere
Dattel
Edelkastanie
Feige
Granatapfel
Hagebutte
Heidelbeere
Himbeere
Holunder
Kaki (chinesische Dattelpflaume)
Kokosraspel
Korinthen
Litschi
Mandarine
Melasse (Rückstand bei der Zuckergewinnung)
Passionsfrucht
Preiselbeeren
Quitten
Rhabarber
Rohrzucker
brauner Zucker
Kandis
Rosinen
Rübenkraut
Sanddorn
Stachelbeere
Sultaninen
Tannenhonig
Waldhonig
Wasserkastanie
Wassermelone

Getreide, Mehle und Stärken

Amaranthmehl (Inkagetreide)
Buchweizenmehl
Dinkelschrot, grobes (Grünkern)
Dinkelmehl (Grünkern)
Glasnudeln
Haferflocken, blütenzarte
Johannisbrotkernmehl
Kartoffelstärke

Getreide, Mehle und Stärken (Fortsetzung)

Kastanienmehl
Maiskorn
Maismehl und -grieß
Maisstärke
Milchreis, geschält
Quinoamehl
Reis, geschält
Sago (aus Sagopalme)
Tapioka
Kartoffel
Sojamehl
Sorghummehl (Hirse)
Topinamburmehl (Erdartischocke)

Gemüse, Pilze, Salate

Algen (Meeresgemüse)
Artischocke
Austernpilze
Avocado
Bambussprossen
Blumenkohl
Brokkoli
Champignons
Chicorée
Endiviensalat
Feldsalat
Gurke
Kapern
Kartoffel
Kürbis
Lattich (Sommerendivie)
Lauch (Porree)
Mangold
Meerrettich
Okra (Schote der Rosenpappel)
Olive
Palmenherzen (Palmenstielmark)
Pastinake (möhrenähnliche Wurzel)
Pfifferlinge
Pilze, chinesische
Radieschen
Rettich
Rosenkohl
Rotkohl
Schwarzwurzel
Sojasprossen
Spargel
Spinat
Shiitake- oder Tongupilze, japanische Steinpilze
Stockschwämmchen
Topinambur (Erdartischocke)
Weinblätter
Weißkohl
Wirsing
Zucchini

Kräuter, Gewürze, Tees

Bohnenkraut
Brunnenkresse
Ingwer
Kardamon
Kerbel
Kreuzkümmel
Kurkuma
Majoran
Muskatnuß
Rosmarin
Safran
Salbei
Tee, schwarzer
Thymian
Vanille, echte
Waldmeister
Zimt

Tierische Nahrungsmittel

Süßwasserfische:
Forelle
Hecht
Karpfen
Zander
Salzwasserfisch:
Thunfisch

Fleisch:
Hirschfleisch
Kalbshirn
Kaninchenfleisch
Kutteln (Netzmagen vom Rind)
Lammfleisch
Rehfleisch
Rinderherz und -leber (nicht bei Rindfleisch-Allergie)
Schweineniere und -leber (nicht bei Schweinefleisch-Allergie)

Tierische Nahrungsmittel (Fortsetzung)

Geflügel:
Putenfleisch
Hühnerfleisch
Ente
Gans
Taube

Milch:
Molke (bei Kuhmilch-Allergie den Arzt fragen)
Schafsmilch und -produkte (Käse, wenn keine Kasein-Allergie besteht)
Sojamilch ist kein tierisches Produkt (Kuhmilch-Ersatz; Arzt fragen)
Stutenmilch (Käse und Milch, wenn keine Kasein-Allergie besteht)
Ziegenmilch und -produkte

Sonstiges:
Gelatine (aus Tierknochen) als Geliermittel

Die Auswahl passender Zutaten

Die Schwierigkeiten beim Einhalten einer Allergiediät liegen meist weniger darin, passende Grundzutaten für ein Gericht zu finden, als vielmehr in der Auswahl passender Zutaten, die für Geschmacksvielfalt und Abwechslung sorgen. Das trifft zum Beispiel für Marinaden, Soßen, Suppen, Backwaren, Wurst und Süßigkeiten zu. Es gibt eine Vielzahl von Gemüsesorten, Früchten, Kräutern, Gewürzen, Getreidesorten oder Getreideauszügen und auch einige tierische Produkte, die selten oder kaum, allenfalls in Einzelfällen, eine allergologische Bedeutung haben. Dabei spielt auch die Art der Zubereitung (z. B. roh, gekocht, eingekocht, geröstet) eine wichtige Rolle. Natürlich gibt es auch Ausnahmen. Der Allergiekranke muß in seinem speziellen Fall immer den Arzt fragen. Zahlreiche dieser selten allergieauslösenden Nahrungs- und Genußmittel lassen sich gut zum Verfeinern von Speisen einsetzen. Eine Auswahl bietet Ihnen die vorangegangene Liste sowie die Tabelle 11 auf Seite 114 (Gewürze, Kräuter).

Achtung bei botanischen Verwandtschaftsverhältnissen

Für Patienten ist es äußerst wichtig, diejenigen botanischen Pflanzenfamilien zu kennen, denen »ihre« Allergene angehören. Häufig reagieren Patienten nämlich auch auf andere Vertreter der Pflanzenfamilie allergisch, da sie ähnliche oder identische Allergene enthalten. Man spricht von Gruppenallergien oder von Allergenverwandtschaften.

Ähnliches passiert bei Pollen-Allergikern, die z.B. oft auf Birken- und Haselpollen reagieren. Beide gehören derselben Pflanzenfamilie an. Viele Betroffene leiden nicht nur unter Schnupfen, sondern bekommen von verwandten Allergenen in Nahrungsmitteln Symptome einer Lebensmittel-Allergie. Man nennt das eine Kreuzallergie oder Kreuzreaktion.

In der nachfolgenden Liste sind nun die wichtigsten Pflanzenfamilien mit den relevanten Allergenen zusammengestellt. Allergene mit hoher Aggressivität sind mit einem ▶ gekennzeichnet.

Pflanzliche Nahrungsmittel und Pollen in Zuordnung zu ihren Pflanzenfamilien

(▶ = häufige Auslöser allergischer Reaktionen)

Actinidiaceae		(Strahlengriffelgewächse)	**Betulaceae**		(Birkengewächse)
					Birkenpollen
	▶	Kiwi			Erlenpollen
				▶	Haselnuß
Anacardiaceae		(Sumachgewächse)			Haselpollen
		Cashewnuß			
	▶	Mango	**Caricaceae**		(Melonenbaumgewächse)
		Pistazie		▶	Papaya

Chenopodiaceae	(Gänsefußgewächse)
	Mangold
	Rote Bete
	Spinat
Compositeae	(Korbblütengewächse)
	Artischocke
	▶ Beifußblatt (Würz- und Teezusatz)
	Blattsalat
	Chicorée
	Endivie
	▶ Kamille
	Kopfsalat
	Lattich (Sommerendivie)
	Löwenzahn
	▶ Saflor (in Safloröl/ Leinsamenöl)
	Schafgarbe (Teezusatz)
	▶ Sonnenblumenkerne
	Sternanis
	Topinambur (Knollensonnenblume)
	Wermut
Cucarbitaceae	(Kürbisgewächse)
	Gurke
	Kürbis
	▶ Melone (Honigmelone)
	Zucchini
Cruciferae	(Kreuzblütengewächse)
	Blumenkohl
	Brokkoli
	Brunnenkresse
	Chinakohl
	Grünkohl
	Kohlrabi
	Meerrettich
	Radieschen
	Raps (in Rapsöl)
	Rettich
	Rosenkohl
	▶ Senf
	Weißkohl
	Wirsing
Ericaceae	(Heidekrautgewächse)
	Heidelbeere
	Moosbeere
	Preiselbeere
Fagaceae	(Buchengewächse)
	Bockshornklee (als Keime)
	Edelkastanie
Gramineae	(Süßgräser)
	▶ Gerste
	Graspollen
	Hafer
	Hirse
	▶ Mais
	Melasse (in dunklem Rum)
	Reis
	▶ Roggenmehl
	Roggenpollen
	Rohrzucker (Haushaltszucker)
	Sorghummehl (Hirse)
	▶ Weizenmehl
	Weizenpollen
	▶ Malz (aus Gerste)
Juglandaceae	(Walnußgewächse)
	▶ Walnuß

Labiatae (Lippenblütengewächse)
- ▶ Basilikum
- Bohnenkraut
- Majoran
- Melisse
- Menthol
- Minze
- ▶ Oregano (wilder Majoran)
- Pfefferminze
- Rosmarin
- Salbei
- Thymian

Lauraceae (Lorbeergewächse)
- Avocado
- Kampfer
- ▶ Lorbeer
- Zimt

Leguminosae (Hülsenfrüchtler)
- ▶ Bohne
- ▶ Erbse
- ▶ Erdnuß
- ▶ Guarkernmehl
- Gummi arabicum (in Kaugummi)
- Johannisbrot (Geliermittel und Kakaoersatz)
- Kichererbse
- ▶ Linse
- Mungobohne
- ▶ Sojabohne
- Süßholz (Lakritz)
- Süßholztraganth (wilder Lakritz)
- Tamarinde (Sauerdattel)
- Traganth (Stabilisator)

Liliaceae (Liliengewächse)
- ▶ Knoblauch
- Lauch
- Schnittlauch
- Spargel
- ▶ Zwiebel

Malvaceae (Malvengewächse)
- Hibiscus (Teezusatz)
- Malve (Teezusatz)
- Okra (Gemüse)

Moraceae (Maulbeerbaumgewächse)
- Brotfrucht (stärkehaltige Frucht)
- Feigen
- Hopfen

Musaceae (Bananengewächse)
- Banane

Myristicaceae (Muskatnußbaumgewächse)
- Kapern
- Muskatnuß (-blüte)

Palmae (Palmengewächse)
- Dattel
- Kokosnuß
- Palmzucker (Palmnektar)
- Sago (aus Pflanzenmark der Sagopalme)

Papaveraceae (Mohngewächse)
- ▶ Mohnsamen

Pedaliaceae (Pedaliagewächse)
- ▶ Sesamsamen

Piperaceae (Pfeffergewächse)
► Pfeffer (-körner)

Polygonaceae (Knöterichgewächse)
Buchweizen
Rhabarber
Sauerampfer

Rosaceae (Rosengewächse)
► Apfel
Aprikose
Brombeere
Erdbeere
Hagebutte
Himbeere
► Kirsche
► Mandel
Mispel (Kernobst)
Pflaume
Quitte
Walderdbeere
Zwetschge

Rubiaceae (Rötegewächse)
► Chinin (in Tonic-Wässern)
Kaffee
Waldmeister

Rutaceae (Rautengewächse)
Angostura (Würzbitter)
Bergamotte (Bestandteil von Earl-Grey-Tee)
Mandarine
► Orange
Zitrone

Solanaceae (Nachtschattengewächse)
Aubergine
► Chilischote
Kartoffel
► Paprikaschote
► Tomate

Sterculiaceae (Sterkuliengewächse)
Kakao
Kolanuß (in Kolagetränken)

Umbelliferae (Doldengewächse)
► Anis (Pimpinella)
► Dill
► Fenchel
► Karotte (roh!)
Kerbel
► Koriander
► Kümmel
Kreuzkümmel (Cumin)
Liebstöckel
Pastinake
► Petersilie
► Sellerie

► = häufig Auslöser allergischer Reaktionen

Der Steckbrief pflanzlicher Nahrungsmittel-Allergene

Die meisten Nahrungsmittel-Allergene stammen aus dem pflanzlichen Bereich. Da sich in den letzten Jahren das Nahrungsangebot gerade hier stark erweitert hat, haben insbesondere die Allergien gegen pflanzliche Stoffe besonders zugenommen. In diesem Kapitel wird Ihnen die nötige Warenkunde vermittelt, die Ihnen dabei hilft, die Allergene zu erkennen, ihre allergene Potenz einzuschätzen und Alternativen zu nutzen.

Obst

Fast alle heimischen und ausländischen Früchte sind hitzelabil. Als Kompott, Marmeladen oder Gelees lösen sie so gut wie nie allergische Reaktionen aus. Voraussetzung ist aber gelegentlich, daß die Schalen und Kerne sorgfältig entfernt werden.

Besonders häufig kommt es bei Früchten zu dem sogenannten „oralen Allergie-Syndrom“ (OAS), das sich durch Jucken und Schwellungen im Mund- und Rachenraum, gelegentlich auch im Lippenbereich äußert. Häufig kommt es zu allergischen Reaktionen bei Äpfeln (meistens besonders stark durch grüne Äpfel, aber auch durch rote), durch Kirschen, Pfirsiche, Pflaumen, Mirabellen, Nektarinen, Kiwi, Mango und Honigmelonen, seltener durch Wassermelonen. Zitrusfrucht-Allergien sind nicht so häufig, und wenn, dann werden sie durch Orangen, selten durch Mandarinen oder Grapefruit ausgelöst. In letzter Zeit nehmen aus vielerlei Gründen Bananen-Allergien zu.

Die meisten allergischen Reaktionen durch Früchte finden wir bei Baumpollen-Allergikern. Hier bestehen Kreuzverwandtschaften zwischen Birken-, Erlen- und Haselpollen und Früchten.

Viele Patienten, die an der häufig vorkommenden Apfel-Allergie leiden, machen die Spritzmittel dafür verantwortlich. Manche Patienten wissen bereits, daß sie Äpfel besser vertragen, wenn sie geschält sind und machen die Spritzmittel auf der Schale für ihre Beschwerden verantwortlich. Es liegt aber daran, daß die Allergene besonders stark unter der Schale angereichert sind. Auch die Apfelkerne sind stärker allergen als das Fruchtfleisch.

In vielen Fällen werden alle gängigen Apfelsorten nicht vertragen, in Einzelfällen gibt es hin und wieder eine Apfelsorte, die verträglich ist. Die allergene Wirkung ist auch abhängig vom Reifegrad. Früchte, die bis zur Reife am Baum hängen, können mitunter verträglich sein. Bei Bananen ist es umgekehrt: Hier ist die reifere Frucht oft wesentlich allergener als die weniger reife. Ananas löst gelegentlich Zungenbrennen aus; dies ist jedoch keine allergische Reaktion. Das eiweißspaltende Enzym Bromelain aus Ananas ist ein mögliches Allergen, das in manchen Medikamenten eingesetzt wird (z.B. Verdauungshilfen). Die Frucht Papaya, die ebenfalls allergische Reaktionen auslösen kann, spendet ein Enzym, das Papain. Es kann als Zartmacher für Fleisch eingesetzt werden. Es ist im Handel erhältlich, darf aber in Fertiggerichten und in Restaurants nicht verwendet werden.

Allergien gegen Quitten, Feigen, Rhabarber und Datteln sind selten. Feigen-Allergien finden wir bei Patienten, die allergisch auf die verschiedenen Pflanzen der Ficusgewächse (z.B. Ficus benjamini) reagieren. So allergen wie der Milchsaft dieser Pflanze sein kann, so ist es auch die Frucht. Ficus-Allergien wie auch Feigen-Allergien kommen etwas häufiger bei Baumpollen-Allergikern vor, da Kreuzverwandtschaft zu Birkenpollen besteht.

Reaktionen durch Trockenobst (Backpflaumen, Aprikosen, Sultaninen, Rosinen, Birnen und Äpfel) sind selten. Gelegentlich kommt es hier zu Unverträglichkeitsreaktionen, wenn diese Früchte mit Hilfe von Sulfiten geschwefelt sind. Diese Reaktionen sind aber den pseudo-allergischen Reaktionen zuzuordnen (siehe Kapitel Lebensmittelzusatzstoffe) und haben mit einer Allergie, bei der Antikörper gebildet werden, nichts zu tun.

Beerenobst löst selten allergische Reaktionen aus, auch wenn sie möglich sind. Zu erwähnen sind hier Himbeeren, Johannisbeeren, Brombeeren, Blaubeeren, aber auch Weintrauben. Säfte von Beeren sind daher in der Regel kaum ein allergologisches Problem. Bei den Weintrauben gibt es durchaus Unterschiede zwischen roten und grünen Weintrauben, kernlosen und kernhaltigen, ausländischen und inländischen. Nicht immer dehnt sich die Weintrauben-Allergie auf alle Arten aus.

Fruchtsäfte sollten von Obst-Allergikern nie in Form von Multivitaminsäften getrunken werden. Grundsätzlich sollte der Allergiker einen Saft aus einer einzigen Frucht bevorzugen. Man kann ja wechseln.

Marmelade, Konfitüre, Gelee

Da die Früchte in der Regel hitzelabil sind, kommt es kaum zu allergischen Reaktionen durch Marmeladen und Konfitüren. Ausgenommen ist die Erdbeermarmelade. Zwar sind Erdbeer-Allergien nicht sehr häufig, Erdbeeren enthalten aber Histamin und können daher Hautreaktionen auslösen. Reaktionen durch Gelees sind sehr selten, denn die lange

Kochzeit und das Entfernen von Schalen und Kernen macht sie besonders gut für Obst-Allergiker verträglich. Ungekochtes Früchtemark (in Zucker konserviert) kann bei Obst-Allergikern problematisch sein; auch die Schimmelpilzverunreinigung auf der Oberfläche der Früchte ist hier zu berücksichtigen (siehe S. 121).

- **Zusatzstoffe in Marmeladen und Gelees.** Salicylsäure zur Konservierung ist in Deutschland verboten, früher wurde sie in Marmeladen und Gelees eingesetzt. In ausländischen Produkten kann man sie neben Farbstoffen noch finden; Farbstoffe sind in vielen Marmeladen auch bei uns zu erwarten. Pektine als Geliermittel und Dickungsmittel stammen aus Äpfeln oder Zitrusfrüchten. Nur selten sind sie selbst bei Apfel- oder Zitrusfrucht-Allergikern ein Problem, da sie lange mitgekocht werden. Zitronensäure hat keinerlei allergologische Bedeutung. Eventuelles Sodbrennen durch Zitronensäure oder Zitrusfrüchte ist in der Regel nicht durch eine Allergie bedingt. Auch der Säuregehalt von Früchten, der natürlicherweise vorhanden ist, ist kein allergologisches Phänomen.

Honig

Honig ist pollenhaltig und wird daher von manchen Pollen-Allergikern nicht vertragen. Insbesondere sind Kräuterpollen-Allergene zu finden, die sehr allergen sein können. In vielen Fällen kann Wald- oder Tannenhonig eine Alternative für unsere klassischen Blütenhonige sein, der von Wiesen und Feldern stammt. Auch Honig von bestimmten Bäumen sollte möglichst nicht verzehrt werden (z.B. Lindenblütenhonig, Akazienhonig).

Während Zucker (weißer Zucker) überhaupt kein allergologisches Problem beinhaltet (gegenüber der Aussage alternativer Ernährungsempfehlungen), ist Honig ein potentiell sehr starkes Allergen. Bei Honig-Allergikern muß beachtet werden, daß er in viele Produkte wie Kuchen, Plätzchen und andere Süßigkeiten eingearbeitet werden kann.

Honig-Allergien können in Einzelfällen sehr bedrohlich werden.

Man darf auch nicht vergessen, daß Honig von Insekten gesammelt wird und daher Spuren von Insektenstäuben und das Hauptallergen der Biene, das Mellitin, im Honig enthalten sein kann. Bei schweren Bienengift-Allergikern kann es zu Problemen kommen.

Bienenwachs ist ein Trennmittel (E-Nr. 901), das aus Bienenwaben hergestellt wird. Es wird gerne bei Süßigkeiten eingesetzt, damit z.B. Gummibärchen nicht verkleben. In seltenen Fällen reagieren Bienengift-Allergiker auch darauf.

Auch Gelee Royale und Propolis müssen bei Bienengift-Allergien als mögliche allergieauslösende Substanzen erwähnt werden. Gelee Royale, auch als Königinnen- oder Weiselsaft bekannt, nennt man den Futtersaft der Bienen, der aus einem Bienenei statt einer Arbeiterbiene eine Königin werden läßt. Ihm werden heilende und stärkende Wirkungen nachgesagt. Propolis ist eine harzartige Masse, mit der Ritzen am Bienenstock verkittet werden.

Ergebnisse einer Studie mit Honig-Allergikern

Folgende Studie zeigt, daß Honig-Allergien verschiedene Ursachen haben können:
Bei 21 Patienten mit schweren allgemeinen Reaktionen (schockähnlich) wurden entsprechende Untersuchungen durchgeführt. Dabei ergab sich, daß die Honig-Allergie beispielsweise durch Pollen ausgelöst wird, meist Pollen, die mit dem Beifuß verwandt sind. Eine Honig-Allergie kann aber auch dann auftreten, wenn eine Bienengift-Allergie besteht, wobei die Reaktion entweder durch Bienengift oder durch den Drüsenextrakt von Bienen verursacht werden.

Nüsse

Haselnuß-Allergien sind besonders häufig. Es kann, muß aber nicht gleichzeitig auch eine Allergie gegen andere Nüsse (Mandel, Walnuß, Paranuß u.a.) bestehen. Fälschlicherweise wird hier immer die Erdnuß genannt, was aber nicht richtig ist, da sie in die Familie der Hülsenfrüchte gehört (siehe S. 84).

Nüsse sind potentiell hochaggressive Allergene. In der Regel sind sie hitzestabil, auch wenn zu Beginn einer Nuß-Allergie die Beschwerden nur durch rohe Nüsse ausgelöst werden. Bei Zunahme der Sensibilisierung können auch Nußkuchen, Schokolade und Gebäck allergische Reaktionen auslösen. Da niemals vorherzusehen ist, bei welchen Patienten dies der Fall ist, gilt immer die Regel, daß bei Nuß-Allergien alle Nüsse vermieden werden sollten, egal in welcher Darreichungsform. Häufig wird übersehen, daß das Nußmus als Brotaufstrich (z.B. Nutella) aus reinen Haselnüssen besteht. Kokosnuß-, Pinienkern-, Pistazien- oder Cashew-Allergien sind sehr selten, kommen aber vor.

Bei Nuß-Allergien können auch winzige Spuren schwere allergische Reaktionen auslösen. Dies ist von besonderer Bedeutung, da der Einsatz von kleinsten Nußmengen nicht immer deklariert ist, z.B. in Schokoladen.

Bei Nuß-Allergien und gleichzeitiger Obst-Allergie (z.B. Äpfel) sollte auch der Verzehr der Kerne verschiedener Früchte (z.B. Aprikose, Mandel) vermieden werden. Auch der Genuß von falschem Marzipan (Persipan) kann zu Beschwerden führen, da es aus Aprikosenkernen hergestellt wird. Zu beachten ist, daß Frucht- und Nußkerne auch in Likören, Essenzen und Aromen eingearbeitet sein können, aber auch in Wurst. Mortadella beispielsweise enthält Pistazien.

Besonders vorsichtig sollte man auch beim Einkauf von Brot sein, welches nicht abgepackt ist. Bäckereien sind hinsichtlich ihrer Rezepturen für Brot, Kuchen und Gebäck sehr erfindungsreich und setzen nicht selten dem Brot zerkleinerte Nüsse zu, die nicht deklariert werden, und durch die Zerkleinerung nicht mehr erkennbar sind.

Pflanzensamen

Besonders allergenaggressiv können Pflanzensamen sein. Allergische Reaktionen sind zwar relativ selten, aber oft bedrohlich. Zu nennen sind hier Sesam, Sonnenblumensamen, Mohn, Leinsamen und Baumwollsamen. Sie werden zur Herstellung von Brot, Brötchen, Kuchen, Gebäck und Konfekt eingesetzt, Mohn aber beispielsweise auch in Kräcker und in Knödeln. Da die Pflanzensamen im Falle einer Allergie sehr bedrohend verlaufen können, sollten insbesondere Pollen-Allergiker darauf verzichten.

Pflanzenöle. Pflanzensamen sind häufig Spender von Ölen zum Kochen und Backen. Bei hochgereinigten Ölen sind die Proteine (Eiweiße) der Spenderfrucht in der Regel gänzlich entfernt. Darauf kann man sich aber nicht immer verlassen. Aus diesem Grunde wird Allergikern, wenn sie gegen bestimmte Samen allergisch sind, empfohlen, auf sichere Öle und Fette (z.B. Becel) auszuweichen. Olivenöl ist in unseren Landen so gut wie nie ein Problem, auch nicht die kaltgeschlagenen Olivenöle.

Butter löst auch bei Kuhmilch-Allergikern äußerst selten allergische Reaktionen aus (etwa bei 2 % der Patienten). Gleiches gilt für hochprozentige süße Sahne.

Samenschoten. Aus Samenschalen, z.B. aus Sesam oder Bohnen, werden gelegentlich Medikamente hergestellt, die Spurenelemente enthalten, und die z.B. bei brüchigen Nägeln und Haaren empfohlen werden. Man muß also auch bei diesen frei verkäuflichen Medikamenten darauf achten, daß man hier keine Allergene verzehrt, denn Samenschalen und Samenhüllen sind besonders allergenreich. Auf entsprechenden Medikamentenschachteln sind oft die lateinischen Namen vermerkt, so daß der Ursprung für den Laien nicht erkennbar ist. Auf diese naturheilkundlichen Medikamente sollten Nahrungsmittel-Allergiker also generell verzichten.

Sojalezithin. Sojalezithin, ein Fettbestandteil der Sojabohne, kann auch von Soja-Allergikern verzehrt werden, denn es besitzt keine besondere allergene Eigenschaft mehr. Soja zählt zu den Hülsenfrüchten. Es wird zunehmend in der Lebensmittelindustrie eingesetzt und gewinnt dadurch für Allergiker an Bedeutung.

Gemüse

Die meisten Gemüse sind hitzelabil, verlieren also ihre allergene Wirkung durch Dünsten oder Kochen. Mitunter kann es schon genügen, ein Gemüse zu blanchieren, wenn es anstelle eines Kochgemüses als Rohkost verzehrt werden soll. Blanchieren bedeutet, das Produkt mit heißem Wasser zu übergießen und dann das abgekühlte Wasser abzuschütten. Folgende Gemüse sind hitzelabil: Kartoffeln, fast alle Kohlarten (Rosenkohl, Blumenkohl, Brokkoli, Weißkraut, Rotkraut u.a.), Karotten, Lauch und Spargel. Allergien gegen rohe Karotten sind nicht sehr selten, Allergien gegen gekochte Karotten hingegen kommen praktisch nicht vor.

Sellerie allerdings ist teilweise hitzestabil und kann seine allergieauslösende Wirkung auch noch in gekochtem Zustand entfalten. Selleriesalz ist in vielfältigen Würzmischungen enthalten. Es ist *das* Gewürzsalz der Deutschen. Aus diesem Grunde können viele Sellerie-Allergiker Würzmischungen für Soßen und Suppen, Dressings und Salatsoßen nicht vertragen. Dabei ist auch zu beachten, daß für Säuglinge und Kleinkinder schon für das 1. Lebensjahr Sellerie in Gemüsegläschen eingearbeitet ist!

Ähnlich liegen die Dinge auch bei **Hülsenfrüchten** (Leguminosae, siehe Übersicht S. 84). Erbsen, Bohnen und Linsen, auch Erdnüsse und Soja u.a. dieser Familie sind teilweise hitzestabil. Hülsenfrucht-Allergiker müssen sie meistens meiden, insbesondere Trockenerbsen, Trockenbohnen und Trockenlinsen. Bei leichterer Hülsenfrucht-Allergie können gekochte feine Dosenerbsen wie auch Prinzeßbohnen (sie enthalten nur geringe Kernmengen) verträglich sein. Im Einzelfall können Hülsenfrucht-Allergien bedrohlich werden. Hier ist zu berücksichtigen, daß Hülsenfrüchte (insbesondere Soja, aber auch Erbsen) in Soßen und Suppen gelegentlich als Dickungsmittel eingesetzt werden (die gute alte Erbswurst). Und das kann Probleme verursachen.

In folgender Übersicht sind Lebensmittel zusammengestellt, die Soja (in unterschiedlichen Mengen) enthalten.

Lebensmittel, die Soja enthalten

Milchersatzprodukte
Sojamilch
aromatisierte Sojagetränke
Kindernahrung
Sojamilchshakes
Getränke zum Muskelaufbau

Käseersatzprodukte
Weichkäse
Tofukäse
Tofu

Desserts
gefrorene Desserts
harte Eiscremes
Soft-Eiscremes

Fleischersatzprodukte
Tofu
Fleischimitate
pflanzliche Brotaufstriche
als Wurstersatz

Soßen
Sojasoßen
Dressing für Salate
Sojaöl

als Zutat
in Snacks

als Sojamehl
in Pfannkuchenmischungen
in Nudeln
in Suppen
in Joghurt
in Brot
in Gebäck
in Kuchen
in Eiscremes
in Pudding

(verändert nach Hammes, 1994)

Sojamehl, Sojamilch und Tofu können in roher wie in gekochter Form allergische Reaktionen auslösen; Soja ist teilweise hitzestabil.

Das Dickungs- und Geliermittel Johannisbrotkernmehl (E-Nr. 410) stammt aus dem Samen des Johannisbrotbaumes und zählt zu den Hülsenfrüchten, gleiches gilt für Guarkernmehl (E-Nr. 412), auch für Tragant (E-Nr. 413). Diese Zusatzstoffe werden mit ihrer Eigenschaft als Dickungs- und Geliermittel auch für Panaden, Joghurt und Pudding verwendet. Sie sind deklarationspflichtig und daher auf Fertigpackungen erkennbar. Auch sie können zu Beschwerden führen.

Einsatz und Eigenschaften von Guarkernmehl

Einsatz	Funktion
Milch und Molkereiprodukte	Frischhaltung
Backwaren	Stabilisierung
Fisch- und Feinkosterzeugnisse	Verdickung
Süßwaren	Wasserbindung
Getränke	weiterhin dient es als
Fleisch- und Fleischerzeugnisse	Ballaststoff und Füllmaterial

(verändert nach Wilden, Jorde, Schata, 1989)

Paprika (es gibt Unterschiede zwischen roter, grüner und gelber Paprika) kann in roher Form allergische Reaktionen auslösen; leider kann es auch in Einzelfällen in gekochter Form stärker allergisch wirken. Wird Paprika mild als Gewürz in Speisen eingearbeitet und gekocht, dann ist es für viele Allergiker trotz eines positiven Hauttestes mit frischem Paprika verträglich. Die Menge macht's, die Kochzeit macht's.

Selbstzubereiteter **Spinat** (der in der Regel gekocht verzehrt wird) löst sehr selten allergische Reaktionen aus. Anders ist es mit dem fertig gekauften Würzspinat, der durch Würzmischungen allergische Reaktionen auslösen kann. **Spargel** löst bei manchen Patienten allergische Hautreaktionen beim Schälen aus, verursacht aber in gekochtem Zustand so gut wie nie Beschwerden, denn er ist hitzelabil. **Lauch** und **Zucchini** lösen ebenfalls selten in gekochtem Zustand allergische Reaktionen aus, **Auberginen** gelegentlich, auch hin und wieder **Avocado**, die ja in der Regel roh verzehrt wird. **Palmenherzen** (Palmenstielmark), **Bambussprossen**, **Schwarzwurzeln** und **Artischocken** sind seltene Allergene.

Speisepilz-Allergien sind selten. Zuchtchampignons lösen in der Regel keine allergischen Reaktionen aus. In äußerst seltenen Fällen kann einmal eine Allergie gegen Steinpilze, Pfifferlinge oder die aus Asien zu uns gekommenen Shiitake-Pilze kommen.

Rohkost und Salate

Blattsalate lösen selten allergische Reaktionen aus; bei Patienten mit einer Pollen-Allergie kann es vereinzelt zu Durchfällen kommen. Besonders selten sind allergische Reaktionen durch **Friséesalat**, **Feldsalat** und **Chicorée**. Auch die **Salatgurke** verursacht so gut wie nie in frischer Form allergische Reaktionen, gekocht oder gedünstet niemals. An dieser Stelle sei auch der **Kürbis** genannt, der so gut wie nie allergische Reaktionen auslöst, gekocht grundsätzlich nicht. Allerdings ist die ungewürzte Form gemeint. **Radieschen-** und **Rettich-Allergien** sind ebenfalls selten.

Tomaten-Allergien sind etwas häufiger, auch die kleinen Kirschtomaten können allergische Reaktionen auslösen. Gekocht sind sie äußerst selten ein Problem. Bei Ketchup, das eine Vielzahl von Gewürzen und anderen Zutaten enthält, können Beschwerden auftreten. Auch beim Kochen von Tomatensoßen sollten keine Konzentrate und keine Fertig-Spaghettisoßen verwendet werden; gleiches gilt auch für Tomatensuppen.

Zwiebel-Allergien kommen vor, sie sind in gekochter Form meist verträglich, wenn von der allgemeinen Blähwirkung der Zwiebel abgesehen wird. Das gilt auch für viele andere blähende Gemüse. Auch **Knoblauch-Allergien** sind möglich; in geringen Mengen mitgekocht, kann Knoblauch aber häufig verträglich sein.

Für Rohkost und Salate sollten die Salatsoßen immer aus eigener Herstellung verwendet werden. Man weiß dann, was man hat.

Getreide

Getreide-Allergien sind aufgrund von Kreuzverwandtschaften häufig bei Gras- und Getreidepollen-Allergikern anzutreffen. Sie haben nichts mit der Zöliakie bzw. der einheimischen Sprue zu tun, einer Unverträglichkeit des Getreidebestandteils Gluten. Hier handelt es sich *nicht* um eine Allergie! (siehe S. 39ff.).

Wie schon erwähnt, können Getreide hitzestabil oder teilweise hitzestabil sein. Entscheidend über die Verträglichkeit ist häufig die Länge der Backzeit. Aus diesem Grund sind Roggenmehle mit langer Backzeit oft verträglich, auch wenn ein Hauttest positiv ausgefallen ist. Gut verträglich sind Holzofenbrote und lang gebackenes Bauernbrot. Dreikorn-, Mehrkorn- und Sechskornbrote sollten von Allergikern, bei denen im Hauttest eine Getreide-Allergie festgestellt wurde, nicht verzehrt werden. Die Samenhüllen der Getreidearten sind besonders allergenreich, die Getreidekörner selbst sind nicht immer ganz durchgebacken und daher im Innern halbroh. Ausgemahlene Mehle sind daher besser verträglich. Bekömmlich ist meistens auch Pumpernickel.

Da heute vielfach Brot und Brötchen, auch Brezeln aus Backfertigmischungen hergestellt werden, kann es zu allerlei allergischen Reaktionen durch die Backmittel kommen (siehe S. 109ff.).

Vollwertkost, die den Verzehr von **Müsli** empfiehlt, ist für Getreide-Allergiker nicht geeignet. Rohgetreide sollten nicht verzehrt werden, und von selbstgeschrotetem Getreide, das dann in Wasser über Nacht quillt, ist ganz abzuraten.

Bei **Zwieback** ist darauf zu achten, daß er in der Regel neben Weißmehl auch Hühnereier, Kuhmilch, Malz und Malzmehl enthalten kann. Auch **Baguette** ist nicht nur wegen der kurzen Backzeit gelegentlich ein Problem, sondern durch den Einsatz von Malzquellmehlen, die ein sehr starkes Allergen und außerdem hitzestabil sind. Sie werden aus Gerste gewonnen. Die Malz-Allergie ist nicht an die Pollen-Allergie gebunden.

Eine weitere Malzquelle ist das **Bier**, das ja aus Gerste hergestellt wird.

Hirse und **Buchweizen** sind sehr seltene Allergene. Der Buchweizen gehört in eine andere Pflanzenfamilie als die klassischen Getreidearten Roggen und Weizen. **Dinkelmehle** werden gelegentlich alternativ eingesetzt, es handelt sich hier um den sogenannten Urweizen, der allerdings auch allergische Reaktionen auslösen kann, wenn auch im Moment offenbar seltener.

So kochen Sie Reis richtig

Selbst bei einer Reis-Allergie kann die Art der Zubereitung das Lebensmittel allergenärmer machen. Der Reis wird zunächst gewaschen, dann in sehr viel Wasser gekocht. Das Kochwasser muß gänzlich abgeschüttet werden. Milchreis kann in diesen Fällen oft auch verträglich sein.

Reis ist in unseren Breiten im Gegensatz zu den asiatischen Ländern ein seltenes Allergen. Gelegentlich kommt eine Reis-Allergie bei Getreide-Allergikern vor. Da auch hier die Samenhüllen allergenreicher sind als das Reiskorn selbst, empfiehlt sich der Einsatz von geschältem Reis; besonders verträglich ist der Parboiled-Langkornreis (z.B. von Uncle Ben's).

Mais (ein Gemüse, aber auch für die italienische Maisgrütze Polenta geeignet) ist roh häufig nicht verträglich, auch nicht in gegrillter Form. Polenta, der Maisgrieß, kann eine Alternative bei anderen Getreide-Allergien sein, wenn keine Mais-Allergie besteht. Maiskörner werden oft unverdaut ausgeschieden. In der Regel ist das keine Allergie.

Nudeln werden von vielen Getreide-Allergikern vertragen, achten Sie jedoch darauf, daß sie bei gleichzeitiger Hühnerei-Allergie eifrei sind. Nudeln können auch aus Buchweizen hergestellt werden.

Haferflocken-Allergien sind ebenfalls relativ selten, insbesondere sind die zarten Blütenflocken sehr allergenarm, insbesondere, wenn sie gekocht werden. Das Porridge der Engländer (gekochte Haferflocken mit Obst) kann eine Alternative zu Müsli sein, wenn man morgens kein Brot essen möchte.

Das Inkagetreide **Quinoa** kann ebenfalls eine Alternative für Roggen- und Weizenmehl-Allergiker werden.

Getreide-Allergiker müssen beachten, daß beim Kuchenbacken durch den rohen Mehlstaub allergische Reaktionen der Atemwege wie auch Kontaktreaktionen der Haut auftreten können.

Der Steckbrief tierischer Nahrungsmittel-Allergene

Kuhmilch und Kuhmilchprodukte

Etwa 2 bis 7 % aller Säuglinge und Kleinkinder leiden an einer Kuhmilch-Allergie; bei den Erwachsenen sind es noch 1 bis 3 %. Bei Kindern kommt es zu Beschwerden im Magen-Darm-Trakt (Erbrechen, Durchfall, Blähungen), zu Symptomen an der Haut oder an den Atmungsorganen (Husten, Schnupfen, Atemnot, Asthma, Verschleimung).

Die folgende Statistik verschiedener Autoren zeigt die Häufigkeit der Symptome.

Tabelle 7 Kuhmilch-Allergie und Symptome bei Kindern

Art der Symptome	Magen-Darm-Trakt	Haut	Atemwege
Häufigkeit	ca. 68 %	ca. 35 %	ca. 17 %

Aus allergologischer Sicht ist Kuhmilch nicht immer gleich Kuhmilch; gleiches gilt für die verschiedenen Kuhmilchprodukte. Sie haben alle eine unterschiedliche allergene Bedeutung. Besonders allergenreich ist die Vollmilch, wenn sie direkt vom Bauern kommt. Durch Haltbarmachung und Keimbefreiung wird die Kuhmilch weniger allergen. H-Milchprodukte können bei manchen Kuhmilch-Allergikern verträglich sein, insbesondere gilt dies für die 0,3 %ige H-Milch. Wird diese Milch dann auch noch gekocht, ist sie häufig gar kein Problem mehr; das ist allerdings auch von der verzehrten Menge abhängig. Die Kuhmilch ist also zum Teil auch hitzelabil. **Joghurt** und **Quark** haben häufig noch Allergencharakter.

Für **Käse** gelten unterschiedliche Bedingungen. Schnittkäse löst gelegentlich Reaktionen im Mund- und Rachenbereich durch den Gehalt biogener Amine aus (Histamin). Hier handelt es sich nicht um eine allergische Reaktion (siehe S. 137ff.). Das Problem verschwindet, wenn der Käse überbacken ist. Camembert hat ebenfalls eine andere Rangordnung und ist bei Schnittkäse-Allergien gelegentlich verträglich. Frischkäse, Streichkäse und Molkeprodukte sind oft weniger allergen als frische Kuhmilch, Quark oder Joghurt. Frischkäsezubereitungen können allerdings durch die zugefügten Kräuter oder Gewürzmischungen Allergien auslösen; mit einer Kuhmilch-Allergie hat das nichts zu tun.

Dosenmilch ist so gut wie nie ein Problem, wenn sie in kleinen Mengen im Kaffee oder Tee getrunken oder ins Essen eingearbeitet wird. Gleiches gilt für **Sahne. Butter** ist bei fast allen Kuhmilch-Allergikern (Ausnahme 2 %) verträglich. Sie sollte bevorzugt werden, da manche Margarinen viele Zutaten enthalten, die allergische Reaktionen auslösen können, so daß Butter oft sicherer ist. Wird sie in Speisen mitgekocht oder gebraten, verliert sie fast immer ihre letzte allergieauslösende Wirkung. Welcher Kuhmilch-Allergiker Dosenmilch, Sahne und Butter verzehren kann, muß im Einzelfall ärztlich geklärt werden.

Ein übertriebenes Meiden von Kuhmilchprodukten, die evtl. verträglich sind, sollte nicht stattfinden, da sie unsere größten Kalziumspender sind und Vitamin D enthalten; man kann also nicht ohne weiteres auf sie verzichten. Dies gilt insbesondere für ältere Menschen, da dem Knochenschwund (Osteoporose) vorgebeugt werden muß, für Jugendliche im Wachstumsalter, für Schwangere und stillende Mütter.

Bei einer sehr starken Kuhmilch-Allergie muß im Einzelfall sogar auf kleinste Spuren von Kuhmilch verzichtet werden. Dies ist problematisch, da viele fertige Lebensmittel nicht mehr verträglich sind. Kuhmilch wird auch in Lebensmitteln eingesetzt, in denen man sie überhaupt nicht vermutet. Sie kommt beispielsweise in Zitrussäften (z.B. Hohes C), in Wurst, Fertiggemüse, Kuchen und Gebäck, in großen Mengen in Schokolade, in Eiscreme, Kakao und Süßigkeiten (z.B. in Karamel) vor. Sportler sollten daran denken, daß viele Proteinkonzentrate zum Muskelaufbau auf Kuhmilch und Kasein basieren. Auch bei der Notwendigkeit einer künstlichen Ernährung (z.B. auf der Intensivstation bei Bewußtlosigkeit) kann eine Kuhmilch-Allergie zum Problem werden.

Gegen welche Bestandteile der Milch ein Patient reagiert, muß von Fall zu Fall entschieden werden, denn daraus ergeben sich praktische Konsequenzen. Heute sind etwa 25 verschiedene Eiweiße aus der Milch bekannt, gegen alle kann prinzipiell eine Allergie bestehen. Die wichtigsten Allergene der Kuhmilch zeigt Tabelle 8.

Tabelle 8 Die wichtigsten Allergene der Kuhmilch

Bestandteil (Eiweiß)	% Anteil in der Kuhmilch
Kasein (relativ hitzestabil)	30 – 50
Beta-Lactoglobulin (relativ hitzestabil)	62 – 80
Alpha-Lactalbumin (teilweise hitzestabil)	ca. 56
Bovin-Serum-Albumin (BSA) (hitzelabil)	ca. 52

Kasein kommt auch in der Milch und den daraus hergestellten Produkten von Schafen, Ziegen und Büffeln vor; bei einer Allergie gegen Kasein kann also nicht auf diese Nahrungsmittel ausgewichen werden.

Kuhmilch-Allergien bei Säuglingen können oft sehr bedrohlich sein und zu Asthma, Nesselfieber, Quincke-Ödemen und Magen-Darm-Beschwerden bis hin zu Gedeihstörungen führen. Es muß entweder auf Sojamilch ausgewichen werden (was man heute nicht mehr so gerne macht, da Soja-Allergien entstehen können) oder auf die sogenannten hypoallergene Hydrolysate. Diese werden heute bevorzugt. Hier werden die Eiweiße der Kuhmilch durch Enzymeinwirkung in kleinste Bruchstücke aufgespalten, was dann zu einer deutlichen Allergenverminderung führt. Welches Produkt im Einzelfalle ausgewählt wird, kann nur der behandelnde Kinderarzt entscheiden. Die Tabelle 23 auf Seite 183 zeigt Ihnen die handelsüblichen Hydrolysate.

Besonders zu warnen ist vor dem Verzehr von Stutenmilch. Pferde-Allergiker können allergisch auf Pferdemilch sein, sie kann gefährlich werden. Sie kann niemals Ersatz für Muttermilch sein, da die Nährstoffe nicht ausreichend für das menschliche Kleinkind sind.

Laktose-Unverträglichkeit. Wie schon auf Seite 42 erläutert, leiden viele Menschen unter einer Unverträglichkeit von Milchzucker, der Laktose-Intoleranz. Ursache ist ein Mangel des Enzyms Laktase, das den Milchzucker aufspaltet. Mit einer Allergie hat das nichts zu tun. Bei vielen Patienten reicht es aus, weniger oder gar keine Milch mehr zu trinken oder sie auf kleine Portionen über den Tag zu verteilen. Wenn kein kompletter Laktasemangel vorliegt, werden Sauermilchprodukte (Buttermilch, Kefir, Joghurt etc.) gut vertragen, da der Milchzucker dort zum Teil abgebaut ist. Bei schwerer Laktose-Intoleranz jedoch muß auch auf diese Produkte verzichtet werden; hier ist auch auf versteckten Milchzucker in Medikamenten zu achten. Im Einzelfall entscheidet der Arzt, welche Produkte verzehrt werden dürfen.

Bei einigen **Schimmelpilz-Allergien** (insbesondere gegen die Penicillium-Arten) kann ein Verbot von Schimmelkäse erforderlich werden. Auch das hat mit einer Kuhmilch-Allergie nichts zu tun. Schimmelpilz-Allergien können im Hauttest festgestellt werden.

Hühnereiklar und -gelb

Die Hauptallergene aus dem Hühnerei heißen Ovalbumin und Ovumucoid. Hühnerei ist ein sehr starkes Allergen, es ist hitzestabil oder zumindest teilweise hitzestabil. Besonders häufig sind Hühner*eiklar*-Allergien, seltener Hühner*eigelb*-Allergien. Die Unterscheidung kann durch einen Test erfolgen. In manchen Fällen kann Hühnereigelb verträglich sein. Patienten mit einer leichteren Hühnerei-Allergie vertragen gelegentlich ganze hartgekochte Eier; auch Spuren von Hühnerei, beispielsweise in Nudeln, in geringen Mengen auch in Kuchen, Plätzchen und Gebäck sind oft bekömmlich. Bei Hühnerei-Allergien kann auch durch Kreuzverwandtschaft eine Allergie auf Enteneier, Gänseeier und Wachteleier bestehen. Soleier sind gelegentlich durch die lange Lagerung in Essig und durch die folgende Veränderung des Eiweißes (Denaturierung) verträglich.

Hühnereigelb wird auch als Bindemittel für Wurst und als Färbemittel in Eiernudeln eingesetzt. Der Eigelbersatz, der im Handel erhältlich ist, ist ein minderwertiges Produkt, auf das man möglichst verzichten sollte. Es enthält außerdem Soja, so daß hier Soja-Allergiker Probleme bekommen können. Hühnereiklar wird manchen Rotweinen zugesetzt, da es Schwebstoffe entfernt. Es kann auch Apéritifen (Campari) zugesetzt werden und als Lack für Brötchen, Kuchen und Gebäck Anwendung finden. Dort ist Hühnerei natürlich auch eine Hauptzutat. Offensichtlich ist Hühnerei im Eierlikör, für dessen Herstellung er die Grundlage bildet. Hühnerei findet auch Einsatz in Medikamenten (Hühnereilysozym, z. B. in den Halslutschtabletten / Frubienzym®) und in äußerlich anzuwendenden alternativen Rheuma-Mitteln. Manche Impfstoffe werden auf Hühnerembryonen gezogen und können bei Ei-Allergikern Probleme machen.

Verwendungsmöglichkeiten von Hühnerei

- Grundnahrungsmittel
- Binde- und Schönungsmittel in Speisen

- Genußmittel (Eierlikör)
- Bestandteil von Medikamenten (Frubienzym, Retterspitz u.a.)
- Bestandteil von Impfstoffen (z.B. Grippeimpfung)
- Kosmetikum (Shampoo mit Hühnerei)
- Astronautenkost (Ovalbumin), Sportkostkonzentrate

Bei Patienten, die aufgrund einer Hühnerei-Allergie mit Asthma reagieren, ist zu überprüfen, ob auch eine Allergie gegen Vogelfedern besteht. Diese Patienten müssen unbedingt auf Kanarienvögel, Wellensittiche und insbesondere auf Papageien als Haustiere verzichten. Auch Hühner-, Enten- und Gänsefedern müssen gemieden werden; eine vogelfedernfreie Bettausstattung ist wichtig.

Fleisch, Geflügel und Wild

Allergien gegen Rindfleisch, Kalbfleisch und Schweinefleisch sind wesentlich seltener als vermutet, insbesondere trifft dies für das so häufig als minderwertig betrachtete Schweinefleisch zu. Rindfleisch-Allergien kommen häufiger vor als Schweinefleisch-Allergien, insbesondere bei Kuhmilch-Allergikern (Kreuzverwandtschaft). Rindfleisch, Kalbfleisch und Schweinefleisch verliert in vielen Fällen durch Kochen, Backen oder Braten seine allergene Bedeutung. Daher ist es auch bei positivem Hauttest, die mit rohen Fleischarten durchgeführt werden, verträglich. Anders liegen die Dinge bei diesen Patienten, wenn sie Rohwurst verzehren. Die Zusammenstellung auf der nächsten Seite nennt die gängigen Wurstsorten. Kochwurst und gekochter Schinken sind daher dann zu bevorzugen. Ungünstig ist die Anwendung von Fleischbrühen (Fleischextrakte), da sie besonders allergenreich sind, denn es handelt sich hier um Konzentrate. Die selbsthergestellte Fleischbrühe ist in den meisten Fällen verträglich und kann als Grundlage für Soßen und Suppen sowie Fonds eingesetzt werden. Auch Allergien gegen Pferdefleisch kommen vor, häufig in Kombination mit einer Stutenmilch-Unverträglichkeit.

Eine Sonderform nehmen Innereien ein. Im Einzelfall sind sie hochallergen, auch in gekochter Form. Dies betrifft hauptsächlich Schweinenieren und -leber. Allergiker müssen auch beispielsweise auf Leberwurst, -pasteten und französische Terrinen verzichten.

Geflügel-Allergien sind selten, insbesondere gegen Puten- und Hühnerfleisch sowie gegen Ente, Gans und Taube. Gelegentlich werden sie bei Hühnerei-Allergikern zum Problem (Kreuzverwandtschaft).

Allergien gegen Wild, z.B. gegen Hirsch- und Rehfleisch, gegen Kaninchen, Lamm und Wildschwein sind äußerst selten. Sie sind oft gute Alternativen für Schweine- und Rindfleisch-Allergiker, wenn diese das Fleisch auch in der gekochten Form nicht vertragen.

Viele Patienten bevorzugen eine vegetarische Ernährung auf dem Boden einer ovo-lakto-vegetabilen Kost. Auf Fleisch wird verzichtet, Eier und Milch bereichern den Speisezettel. Bei Erwachsenen spricht in der Regel nichts dagegen, zu beachten ist aber, daß Fleisch Eisenspender ist und dann für einen entsprechenden Ersatz gesorgt werden muß.

Früher spielte eine Fleisch-Allergie bei Diabetikern gelegentlich eine Rolle, da Rinder- und Schweineinsulin gespritzt wurde. Heute wird gentechnisch hergestelltes menschliches Insulin verwendet.

Besonders zu warnen ist in diesem Zusammenhang vor Frischzelltherapien (z.B. vor Thymusextrakten oder Gonadenextrakten, die aus den Geschlechtsteilen von Hammel, Schaf oder Kaninchen gewonnen werden). Bei Spritzenbehandlungen mit Frischzellextrakten sind Todesfälle bekannt geworden!! Spritzen mit Fremdeiweiß können gefährlich werden; das betrifft auch Impfseren. Der Impfarzt muß also unbedingt über bestehende Allergien aufgeklärt werden.

Wurst und Schinken

Wie bereits auf der letzten Seite erwähnt, kann Wurst bei Rind- und Schweinefleisch-Allergikern ein Problem sein, in seltenen Fällen auch Geflügelwurst. Fleisch-Allergiker müssen zwischen Roh- und Kochwurst, rohem und gekochtem Schinken unterscheiden. In Deutschland gibt es weit über 150 Wurstsorten neben vielfältigen ausländischen Produkten. Der folgende Kasten nennt die gängigsten Wurstsorten.

Die gängigsten Wurstsorten

Rohwürste	Kochwürste	Brühwürste
Cervelatwurst	Blutwurst	Bierschinken
Debrecziner	Filetwurst	Bockwurst
Katenrauchwurst	Leberwürste, -pasteten	Bratwürste
Krainer Würste	Schinkenrotwurst	Cabanossi
Krakauer, roh	Schwartenmagen	Fleischkäse
Landjäger	Preßsack	Fleischwurst
Mettwurst	Thüringer Rotwurst	Gelbwurst

Rohwürste	**Brühwürste**
Plockwurst	Mortadella
Salami	Münchner Weißwurst
Teewurst	Wiener / Frankfurter
	Zungenwurst

Allergien durch Wurst sind in der Regel wesentlich häufiger durch die Zutaten hervorgerufen als durch die Fleischgrundzutat. Nicht bei allen, aber bei einigen Gewürz-Allergikern kann es durch Füllstoffe und Quellmittel zu Problemen kommen. Auch an Klebemitteln der Wurst, die aus Soja, Hühnerei oder Blutbestandteilen des Tieres bestehen, an Körner (z.B. Senfkörner) oder Pflanzensamen (z.B. Pistazien in der Mortadella) ist zu denken. Viele Gewürze können vorkommen (siehe folgenden Kasten). Befragen Sie im Einzelfall immer den Metzger nach den Bestandteilen der Wurst. Gelatine von Tieren kann bei einer Allergie gegen die entsprechende Tierspezies ein allerdings seltenes Problem werden; auch auf Kuhmilch ist zu achten.

Gewürze, die häufig Wurstwaren zugesetzt werden

Pfeffer	Paprika
Knoblauch	Fenchel
Nelken	Nelkenpfeffer
Salbei	Thymian
Oregano	Majoran
Sellerie	Zwiebel
Koriander	Zimt
Kümmel	Wacholder

Aufgrund der Vielzahl der Zutaten haben manche Allergiker wegen der nicht deklarierten Inhaltsstoffe Probleme beim Verzehr von nicht abgepackter Wurst. Bei abgepackter Wurst besteht zumindest die Möglichkeit, die Zutatenliste zu studieren. Wurst und Schinken können auch in begrenztem Umfang selbst hergestellt werden. Die Literaturliste auf Seite 197 hilft Ihnen weiter.

Pökelsalze oder Umrötungsmittel werden der Wurst und auch Fleisch zugesetzt, um die Farbe zu stabilisieren und das Produkt haltbarer zu machen. Allergien lösen sie nicht aus, können aber aus nichtallergologischen Gründen zu Unverträglichkeiten, z.B. zu Magenproblemen, führen. Die klassischen Konservierungsmittel, z.B. die Sorbinsäure, kommen nur in den wenigsten Würsten vor.

Geräucherte Produkte sind aus allergologischer Sicht unproblematisch. Häufig werden jedoch Gewürze zugefügt (z. B. Wacholder), was bei entsprechender Disposition zu Beschwerden führen kann.

Fisch

Allergien durch Salzwasserfische sind wesentlich häufiger als durch Süßwasserfische. Sie können schon durch den Geruch oder den Verzehr von kleinsten Mengen sehr schwere allergische Reaktionen auslösen. Allergien gegen Aal, Forelle, frischen Thunfisch, Kaviar und frischen Tintenfisch sind eher selten. Viele Patienten, die auf Salzwasserfische reagieren, können ohne Probleme auf Süßwasserfische zurückgreifen. Die Forelle ist oft gut verträglich. (Man kann es testen.)

Bei geräucherten Fischwaren sind es häufig die Gewürzmischungen (insbesondere Pfeffer und Wacholder), die zu krankhaften Reaktionen führen. Fischkonserven sind oft konserviert, auch offene Fischzubereitungen aus der Kühltheke. Bei unverpackten Waren sollte man nachfragen, bei Konserven die Zutatenliste studieren. Reaktionen durch Konservierungsstoffe sind in der Regel nicht bedrohlich; schwere Reaktionen sind immer auf eine Fisch-Allergie zurückzuführen.

Auch Thunfisch aus Dosen kann zu Beschwerden führen. Hier liegt aber in der Regel keine Allergie, sondern eine Intoleranz vor, bei der keine Antikörper gebildet werden. Nicht mehr ganz frischer Thunfisch enthält größere Mengen des biogenen Amins Histamin, was bei empfindlichen Menschen zu Reaktionen führen kann. Sie sind ungefährlich und klingen schnell wieder ab (siehe auch S. 137ff.). Meistens handelt es sich um Thunfisch, der in einem Salat verzehrt wurde.

Früher wurde sogenanntes Fischblasenpulver zur Klärung des Weines eingesetzt, um Schwebestoffe zu entfernen. Das für Allergiker problematische Verfahren wird heute nicht mehr angewendet. Auch der Lebertran, der aus Dorschleber hergestellt wird, ist aus der Mode gekommen. Bei fischmehlgefütterten Hühnern kann das Ei Spuren von Fisch enthalten.

Fischallergiker dürfen auf keinen Fall Fischölkapseln einnehmen, die zur Vorbeugung von Arterienverkalkung auf dem Markt angeboten werden. Im Gegensatz zu den pflanzlichen Keimfetten und Ölen enthalten sie oft Spuren von Fischeiweiß, was zu einer allergischen Reaktion führen kann.

Schalentiere und andere Meeresfrüchte

Schalentier- und Meeresfrucht-Allergien haben nichts mit einer Fisch-Allergie zu tun, da es sich um eine andere Tierfamilie handelt. Allerdings kann in Einzelfällen eine Fisch-Allergie mit einer Schalentier- oder Meeresfrucht-Allergie einhergehen. Muschel-Allergien sind möglich, die meisten Reaktionen werden aber nicht durch Allergene, sondern durch schlechte Muscheln hervorgerufen. Allergien gegen Scampi, Krabben und andere verwandte Schalentiere können ebenfalls sehr bedrohlich werden. Oft tritt die Allergie nicht gegenüber allen Schalentieren auf; sicherheitshalber sollte aber auf die Produkte verzichtet werden.

Der Steckbrief von Getränken

Kaffee und Tee

Kaffee und reiner schwarzer Tee lösen praktisch nie allergische Reaktionen aus. Wenn manche Patienten auf Kaffee oder Tee mit Unruhe oder Herzklopfen reagieren, so ist das auf die Drogenwirkung des Theins oder Koffeins zurückzuführen.

Problematisch sind für viele Allergiker die sogenannten Kräutertees. Häufig kommen Allergien gegen Kamillentee, aber auch gegen Pfefferminz-, Melisse-, Salbeitee und Brennesseltee vor. Die sogenannten aromatisierten Tees (siehe Kasten) enthalten sehr viele potentielle Allergene, die von Bedeutung sind, wenn größere Teemengen getrunken werden. Hier ist beispielsweise der aromatisierte Tee Earl Grey zu nennen, der Bergamottöl enthält. Werden Teeblüten (Pollen!) getrunken, z.B. Orangenblüten-, Jasminblüten- oder Apfelblütentee, muß mit allergischen Reaktionen gerechnet werden. Bei Zugabe von Kiwi, Hibiskus, Rosenblüten, Ringelblumen, Orangen- und Vanilleextrakt, Johannisbeerblätter, Honig, Zitronen- und Mandelaromen sowie Nelken müssen hier die entsprechenden Allergien berücksichtigt werden.

Zutaten für aromatisierte Schwarztees (Beispiele)

natürliche Aromastoffe und ätherische Öle			
z.B.	Bergamottöl	Zimtöl	
	Zitronenöl	Orangenöl	
Früchte, Nüsse, Samen			
z.B.	Kiwi	Mango	Aprikose
	Orangen	Krokant	Maracuja
	Apfel	Pflaume	Honig
	Sesam	Mandel	
Blüten (Pollen)			
z.B.	Holunder	Ringelblume	Hibiskus
	Jasmin	Nelken	Malven
	Sonnenblume		
Blätter			
z.B.	Erdbeere	Himbeere	
	Johannisbeere	Brombeere	

Alkoholika

Eine Zwischenstellung zwischen Allergie und Intoleranz nehmen verschiedene Genußmittel, insbesondere alkoholische Getränke ein. Eine Alkohol-Allergie gegen reinen Alkohol existiert nicht. Aus diesem Grund sind klare Schnäpse (Korn) oft verträglich, während insbesondere Weißwein, Rotwein, Sekt, aber auch Bier, Apéritife und aromatisierte Cognacs (z.B. Metaxa aus Griechenland) durchaus Symptome auslösen können. Die Gründe respektive die auslösenden Allergene sind vielfältig.

Im **Wein** entsteht natürlicherweise das biogene Amin Histamin (siehe S. 137ff.). Je nach Menge kann es Symptome auslösen, meist in Form von Schnupfen, Husten oder Atemnot. Aber auch Hautreaktionen sind möglich. Besonders bedeutsam sind aber die zur Schwefelung des Weines eingesetzten Sulfite, die dosisabhängig zu Beschwerden führen. Je süßer der Wein, um so mehr Schwefel darf nach dem Lebensmittelrecht zugesetzt werden; es besteht keine Deklarationspflicht! Bei Wein kann es allerdings auch der Schimmel sein, der am Korken haftet (kein Weinkeller ohne Schimmel). Der häufigste Schimmelpilz in diesem Bereich heißt Botrytis, aber auch Fusarium und Rhizopusarten können bedeutsam sein. Bei Rotwein muß an die Klärung mit Hühnerei gedacht werden. Glykol-Allergien gibt es in Einzelfällen, dies hatte jedoch keine Bedeutung bei der »Weinpanscherei« in der Vergangenheit. Die Probleme entstanden hier durch Vergiftungserscheinungen.

Bei **Apéritifen** und **Likören**, z.B. beim Bananenlikör, Johannisbeerlikör oder Orangenlikör, können Aromen, Gewürze oder Honig zugesetzt sein. Auch Nußextrakte, Myrrhe und Pfefferminz, Zimt und Ingwer, Salbei, Anis und Auszüge anderer Früchte werden zugefügt. Kräuterschnäpse zur Verdauung und auch Klosterfrau Melissengeist zählen zu den möglichen Auslösern allergischer Reaktionen, insbesondere bei Pollen-Allergikern. Anis ist ein sehr häufiges Allergen, was bei Genuß von Pernod, Ouzo, Raki (aus Frankreich, Griechenland und der Türkei) zu allergischen Reaktionen führen kann.

Für **Bier** können entweder Hopfen, Bierhefe, Weizen, Schimmelsporen oder Malz allergologische Bedeutung gewinnen.

Schnäpse aus Zuckerrohr, Malz und Kartoffelstärke mit individuellen Zusätzen können im Einzelfalle zum Problem werden.

Auch Färbemittel natürlichen Ursprungs können bei bestimmten Produkten eine allergologische Bedeutung entfalten. Zu erwähnen ist der Campari, der mit dem Farbstoff der Schildlaus Coccus cactus gefärbt wird; dieser Farbstoff kann auch Ketchup und Lippenstiften zugesetzt werden.

Bei der Herstellung von alkoholischen Getränken und Säften werden auch Enzympräparate eingesetzt. Viele werden aus Schimmelpilzen und Bakterien gewonnen. Für die Herstellung von Bier sind sie bei uns nicht zulässig. Die möglicherweise im Endprodukt verbliebenen Enzymreste können in sehr seltenen Fällen zu Symptomen allergischer Natur führen.

Säfte und Softdrinks

Während **Säfte** aus Beerenfrüchten selten allergische Reaktionen auslösen, können alle anderen Fruchtsäfte durchaus krankmachend sein. Auf Seite 86 wurde schon erwähnt, daß Allergiker lediglich Säfte aus einer Frucht trinken sollten, da bei Multivitaminsäften eine Häufung von Allergenen stattfindet. Multivitaminsäfte enthalten unter anderem häufig Kiwi, Mango, Maracuja, Zitrusfrüchte und Apfel und sind daher nicht empfehlenswert, insbesondere nicht bei Baumpollen-Allergikern. Billige Säfte können Zusatzstoffe wie Farbstoffe oder Konservierungsmittel enthalten.

Gemüsesäfte sind ebenfalls ein Problem, da sie in der Regel aus Mischungen bestehen. Hier ist besonders der Sellerie zu erwähnen, der als Gewürzzutat eingesetzt wird. Allergien gegen rohe Karotten sind häufig, gegen gekochte Karotten selten.

Coca-Cola, dessen Zusammensetzung ein streng gehütetes Geheimnis ist, kann durch seine Koffeinwirkung Unverträglichkeitsreaktionen, jedoch nur selten allergische Reaktionen auslösen. Cola »light« kann in größeren Mengen zu Durchfall führen; Ursache sind die Zuckerersatzstoffe. Auch das hat mit einer Allergie nichts zu tun.

Tonic Wasser enthält Chinin, bei Chinin-Allergikern ruft es allergische Reaktionen hervor. Sie sind jedoch selten.

Der Steckbrief weiterer Produkte und Zusatzstoffe

Backmittel

Backmittel oder Backhilfsmittel sind zunehmend ein Problem. Der Einsatz von Soja, Malzquellmehl, Guarkernmehl, Johannisbrotkernmehl, in Einzelfällen auch Baumwollsaat können zu erheblichen Problemen führen, wenn ein Patient gegen die einzelnen Produkte allergisch ist.

Zum Backvorgang werden auch bestimmte Enzyme, die sogenannten Amylasen, eingesetzt, die von Pilzen und Bakterien stammen. Sie sind allerdings nur in äußerst seltenen Einzelfällen ein Problem. Bei Bäckern, die die Enzyme täglich einatmen, können sie zu allergischem Schnupfen und Asthma führen.

Schimmelpilzverunreinigungen der Mehle können im Einzelfalle bedeutsam sein, wenn eine entsprechende Schimmelpilz-Allergie gegen eine ganz bestimmte Art vorliegt. Eine Allergie gegen die Backhefe ist selten.

Das bestverträgliche Brot ist in der Regel das Brot auf Sauerteigbasis, am besten ein Holzofenbrot oder Bauernbrot. Der geringfügige Hefeanteil spielt selbst bei Hefe-Allergikern meist überhaupt keine Rolle. Backmittel werden hier nur wenig zugesetzt, und wenn, dann sind sie unbedeutend.

Tabelle 9 auf der nächsten Seite zeigt eine Übersicht über die Enzyme bei der Getreideverarbeitung. Die evtl. verbleibenden Enzymreste können in Einzelfällen bei Verzehr der Produkte allergische Reaktionen auslösen. Enzyme aus Bakterien und Pilzen sind primär sehr starke Allergene.

Tabelle 9 Enzyme bei der Getreideverarbeitung

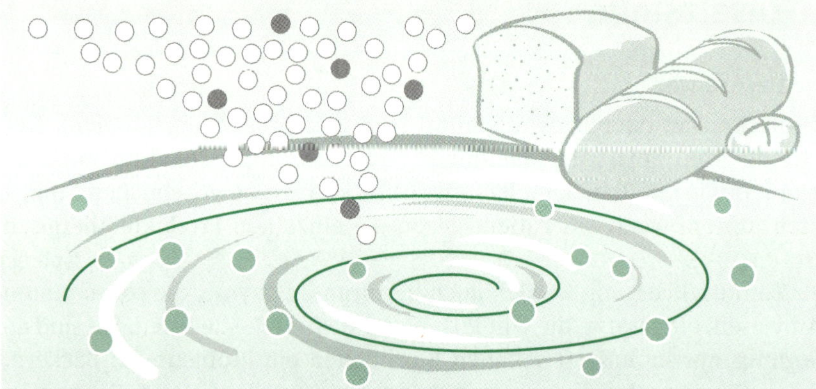

Enzym	hergestellt aus/mit	Funktion
α-Amylase Pilz-α-Amylase Bakterien-α-Amylase	Getreidemalzmehl Aspergillus niger A. oryzae Bacillus subtillis	Bildung vergärbarer Zucker »Verbesserung« der Frischhaltung und der Krustenfarbe bei Brot
Pilzprotease	Aspergillus niger A. oryzae	Kleberabbau im Teig
Bakterienprotease	Bacillus subtillis	Kleberabbau im Teig
Pentosanase	Aspergillus niger A. oryzae	Erhöhung der Wasserbindung im Teig
Amyloglucosidase	Aspergillus niger A. oryzae	Glucosebildung

Übersicht über die am häufigsten verwendeten Backmittel

Backmittel für Brot

Mit folgenden sogenannten Säuerungsmitteln wird die Quellfähigkeit und die Backeigenschaften von Roggen- und Mischbrotteigen verbessert und die Haltbarkeit verlängert.

Milch- und Zitronensäure, saure Phosphatase (ein Enzym), Quellmehle, Lecithin, Milchprodukte, z.B. Molke

Backmittel für Weißware (z. B. Weißbrot, Brötchen)
Traubenzucker, Zucker, Malzmehle, Diacetylweinsäureester (Emulgator, der dafür sorgt, daß sich die Zutaten besser vermischen und das Brot feinporiger wird), Lecithin (ebenfalls ein Emulgator), Ascorbinsäure (= Vitamin C; verbessert die Backeigenschaften des Brotes), Zystein (eine natürlich vorkommende Aminosäure, macht den Teig elastischer), Enzyme (Bakterien- und Pilzamylasen; der Teig treibt besser, das Brot oder Brötchen wird größer)

Backmittel für feine Backwaren
Traubenzucker, Lecithin (s. o.), Fett, Diacetylweinsäureester (s. o.), Zysteien (s. o.), Ascorbinsäure (s. o.), Magermilchpulver

Zugelassene Konservierungsstoffe
Sorbinsäure: Sie darf zur Vermeidung von Schimmel in abgepacktem geschnittenen Brot sowie in Weichbrötchen und vorgebackenen Backwaren verwendet werden. Propionsäure: Die in Tierversuchen nicht unbedenkliche Propionsäure und ihre Salze wurden 1988 in Deutschland verboten, im Zuge der EU-Harmonisierung aber seit kurzem europaweit wieder zugelassen (Verwendung wie bei Sorbinsäure). **Kennzeichnung:** Konservierungsstoffe müssen auch bei unverpacktem Brot gesondert gekennzeichnet werden.

Zugelassene Backmittel zur Frischhaltung
Monoglyzeride, Guarkernmehl, Enzympräparate.

Süßigkeiten

Unüberschaubar ist das Repertoire der Bestandteile von Süßigkeiten, Kuchen und Gebäck, Bonbons, Eiscreme, Mousse, Mohrenköpfen u. a. Häufig sind die Produkte in ihrer Zusammensetzung nicht konstant; gerade offen verkaufte Produkte sind daher möglichst zu vermeiden.

Überwiegend kommt es bei Süßigkeiten zu allergischen Reaktionen durch verschiedene Nüsse, Pflanzensamen wie Sesam, Sonnenblumen, Mohn sowie durch Honig, Kuhmilch und Hühnerei. In Brot, Lebkuchen und Weihnachtsplätzchen sind oft Gewürze wie Koriander, Anis und Fenchel eingearbeitet. Lakritz besteht aus dem Saft des Süßholzes, das zu den Hülsenfrüchten gehört, und kann zum Allergen werden.

Naturidentische Farbstoffe, z. B. in Gummibärchen, können Intoleranzreaktionen hervorrufen, aber keine Allergien. Die natürlichen Farbstoffe, z. B. der Saft der roten Bete, kommen als mögliche Auslöser von Allergien in Frage.

Viele Süßigkeiten bestehen aus Gelatine. Sowohl die mit pflanzlicher als auch mit tierischer Herkunft kann eine Allergie auslösen; beides ist jedoch selten.

Wegen der Unüberschaubarkeit der Produkte, der sich ändernden Zusammensetzung und der unzureichenden Deklaration sollen Süßigkeiten bevorzugt selbst hergestellt werden. Auch für Kinder ist das wichtig.

Gewürze, Kräuter, Aromastoffe

Die Zahl der potentiellen Allergene ist hier fast unendlich. Rezepturen für Nahrungsmittel, Genußmittel, Medikamente und Naturheilmittel sind vielfältig und leider auch nicht produktkonstant.

Für Würzmischungen, z.B. Fertigsoßen, Fertigsuppen, Fertigspeisen und Pudding, gilt, daß sie heute mit kleinen Variationen ein Grundrepertoire häufig identischer Gewürze und Kräuter enthalten. Aufgrund der Anhäufung allergener Substanzen können sie oft zu allergischen Krankheiten führen. Vieles spricht dafür, daß der stetig ansteigende und zum Teil übermäßige Gewürz- und Kräuterverzehr für die Zunahme von Gewürz- und Kräuter-Allergien verantwortlich ist. Gewürze, insbesondere der Pfeffer, können auch Wegbereiter für andere Lebensmittel-Allergien sein. Gewürze wie Pfeffer und Paprika fördern die Durchblutung der Magenschleimhaut und führen zu einer schnelleren Aufnahme wichtiger Allergene.

Fast alle Fertigwürzmischungen wie Hühnchen-, Steak- und Grillgewürz sowie diverse Soßen sind bis auf wenige Ausnahmen mit Curry versehen. Curry ist ein Mischgewürz mit weltweit über 60 Variationen! Sie können z.B. Koriander, inländische und ausländische Gewürze, Samenextrakte, Baumrindenextrakte, Aromastoffe von Früchten, Nüssen und Gewürzen und ätherischen Ölen enthalten.

Basismischung des europäischen Curry

Ingwer	Boxhornkleesamen
Koriander	Kardamom
Nelken	Cayennepfeffer
Paprika	Kurkuma
Pfeffer	Muskatblüte
Piment	Zimt

Bei Allergien gegen mehrere Gewürze genügt meist die Empfehlung, auf Mischgewürze, Fertigsoßen und Fertigsuppen zu verzichten. Nicht immer muß völlig auf alle Gewürze verzichtet werden, da schon das Weglassen dieser Fertigprodukte eine Verminderung des Gewürz- und Kräuterverzehrs von fast 90 % beinhaltet.

Besonders aggressive Gewürze sind das Selleriesalz, Koriander und Curry, Chili, Sojasoßen und Basilikum. Vegetarische Kräuterpasten für Brotaufstriche sind hier ebenfalls zu berücksichtigen. Auch Gewürzliköre müssen hier noch einmal erwähnt werden, ebenso die aromatisierten Tees.

Tabelle 10 zeigt Ihnen die Basiszutaten, die die Grundlage der meisten Gewürzmischungen bilden, Gewürze, die variabel eingesetzt werden sowie die Zusammensetzung eines Geflügel- und Bratwurstgewürzes.

Tabelle 10 Zusammensetzung verschiedener Mischgewürze

Basiszutaten	mögliche weitere Gewürzzutaten	Geflügelgewürz	Bratwurstgewürz
Salz	Kurkuma	Beifuß	Brasil-Pfeffer
Glutamat	Majoran	Salbei	Chilies (hell)
Rinder- und Pflanzenfett	Dill	Curry	Macisblüte (Muskat)
	Pfeffer	Thymian	Koriander
Vitamin B_2	Estragon	Glutamat	Ingwer Chochin
Kartoffelstärke	Knoblauch	Zwiebel	Zwiebelpulver
Kalzium-Silikat	Piment	Majoran	Senfsaat
Hefe	Koriander	Kochsalz	Dextrose, Saccharose etc.
Zwiebeln	Rosmarin	Paprika, edelsüß	
Johannisbrotkernmehl	Kümmel		Natrium-Glutamat (4–5 g/kg Wurstmasse)
	Sellerie	Pfeffer, schwarz	
	Liebstöckel		
	Zwiebel		
	Lorbeer		

Die folgende Tabelle gibt Ihnen einen Überblick darüber, welche Kräuter und Gewürze zu welchen Speisen passen. Die Punkte geben die allergene Bedeutung an.

Dabei bedeutet

- * Kräuter oder Gewürze sind, in kleinen Mengen mitgegart, meist kein Problem (schwache Allergene). Oft werden sie in kleinen Mengen auch frisch (roh) vertragen.
- ** Kräuter oder Gewürze sind bei bekannter Allergie zu vermeiden. Dies gilt besonders für den Rohzustand (frisch).
- *** Kräuter und Gewürze enthalten starke Allergene. Hier sind auch im gekochten Zustand allergische Reaktionen möglich.

Tabelle 11 Allergene Bedeutung von Kräutern und Gewürzen

Gewürz/Kräuter	Zu dieser Speise paßt es gut	Bedeutung als Allergen
Anis	Anisplätzchen, Lebkuchen und anderem Gebäck, Brot, süße Suppen, rote Bete	***
Basilikum,	Schweinefleisch, Kalbfleisch, Fisch, Hülsenfrüchten, Tomaten, Salaten, Mozzarella	**
Beifußblatt	Schweinefleisch, Gänse- und Entenfleisch, Aal, Blattsalat	*
Bohnenkraut	Bohnen, Eintopfgerichte, Gemüsesuppen	*
Cayennepfeffer	Fischsud, Marinaden, Mixed pickles, Gurken	***
Dill	Fisch, verlorene Eier, Salat, grüne Soße, Gurken	**
Estragon	Salat, grüne Soße, Tomaten, Suppen, Tomatensoße	*
Fenchelsamen	Gebäck, Brot	***
Ingwer	Fleisch, Fisch, süße und herzhafte Soßen, Marinaden, Kompott, Kürbis, Gebäck	*
Kardamom	Christstollen, Gebäck, Kaltschalen, Süßspeisen, Wurst	*
Kerbel	Fleisch, Fisch, Geflügelsoßen, Salat, Suppen	*
Knoblauch	Hammel-, Lamm-, Rind- und Schweinefleisch, Gulasch, Geflügel, Salat, Wurst	***
Koriander	süße und herzhafte Suppen, Soßen, Marinaden, Wurst	***

Gewürz/Kräuter	Zu dieser Speise paßt es gut	Bedeutung als Allergen
Kümmel	Kraut, Bratkartoffeln, Salzgebäck, Brot, Käse	**
Liebstöckel	Suppen, Soßen, Eintopfgerichte, Fleisch, Gemüse, Salat	*
Lorbeerblatt	Sauerbraten, Wild, Fischsud, Eintopfgerichte, Hering, Marinaden, Gurken, Linsen	*
Majoran	Leberknödel, Hackbraten, Schweinefleisch, Geflügel, Wurst, Kartoffelgerichte	*
Meerrettich gerieben, ohne Schwefel	Wurst, gekochtes Rindfleisch, kalter und warmer Rinderbraten, geräucherter Lachs	*
Muskatblüte (Macis)	Fleisch- und Hühnerbrühe, Lebkuchen und anderes Gebäck, Gemüse, Wurst	*
Muskatnuß	Suppen, Soßen, Salat, Gemüse, Kartoffelpüree, Fleisch, Wurst	*
Nelke	Sauerbraten, Wild, Fisch, Linsen, Rotkohl, Süßspeisen (Kompott), Gebäck, Glühwein (immer in kleinen Mengen)	*
Oregano	Hackbraten, Leberknödel, Wild, Fisch, Pizza und andere italienische Gerichte	***
Paprikapulver, edelsüß	Gulasch, Schnitzel und andere Fischgerichte, Fisch, Huhn, Paprikaschoten, Quark, Tomatengerichte, Pilze	**
Paprikapulver, rosenscharf	ungarischer Gulasch, herzhafte Speisen, Fleisch, Suppen	***
Petersilie	Suppen, Gemüse, Salat, Soßen, Fisch, Fleisch, Quark	*
Pfeffer, schwarz	Fleisch, Fisch, Wild, Marinaden, herzhafte Speisen	**
Pfeffer, weiß	Eierspeisen, Mayonnaise, Teigwaren	*
Pfefferkörner, grün	Pfeffersteak, Pfeffersoße zu Fleisch und Fisch	***
Piment	süße Soße, süße und herzhafte Suppen, Aufläufe, Wild, Sauerbraten, Fleisch, Fisch, Marinaden, Gebäck	*
Rosmarin	Kalb- und Schweinefleisch, Geflügel, Lammfleisch, Wild, Fisch	*
Safran	Gebäck, Reis, Nudeln, Fleisch, Hühnerbrühe, Süßspeisen	*
Salbei	Kalbfleisch, Fisch, Geflügel, Nudeln	*
Senfkörner	Fisch, Fleisch, Fisch- und Gemüsemarinaden, Gurken	**

Gewürz/Kräuter	Zu dieser Speise paßt es gut	Bedeutung als Allergen
Sternanis	Lebkuchen und anderes Gebäck, Obstsalat, Kompott	*
Thymian	Hackfleisch, Leberknödel, Wild, Geflügel, Schweinefleisch	*
Vanille	Süßspeisen, Gebäck	*
Wacholderbeeren	Sauerbraten, Sauerkraut, Wild, Marinaden (immer in kleinen Mengen)	**
Zimt	Süßspeisen, wie z.B. Kompott und Obstsalat, Gebäck	**
Curry (Gewürzmischung)	Reis, Mayonnaise, herzhafte Suppen und Soßen, Fisch, Fleisch, chinesische und indische Gerichte	***
Kräuter der Provence (Kräutermischung)	gehaltvolle Soßen, Füllungen von Geflügel, Fleisch, Fisch, Fleischbrühen, Hackfleisch, Nudelsoßen, Pizza und andere italienische Gerichte, Salatsoßen (immer in kleinen Mengen)	**

Im Einzelfall kann natürlich jedes Gewürz oder jede Kräuterart als Träger eines Allergens für einen Patienten zu meiden sein.

Jodsalz ist auch für den Jod-Allergiker verträglich, da es sich um eine andere Jodverbindung als z.B. bei jodhaltigen Medikamenten handelt.

Gewürzverstärker Glutamat. Eine Sonderstellung nimmt das Glutamat ein, das als Gewürz- oder Geschmacksverstärker eingesetzt wird. Die Industrie spart mit dieser billigen Substanz Kosten für teure Gewürze ein. Glutamat reizt die Nerven, die den Geschmack der zugegebenen Gewürze stärker wahrnehmen.

Das sogenannte China-Restaurant-Syndrom ist das klassische Krankheitsbild durch Glutamat; bei unseren Gewürzmischungen spielt es, wenn sie nicht übertrieben eingesetzt werden, keine besondere Rolle. Die China-Restaurant-Krankheit verdankt ihren Namen dem exzessiven Einsatz von Glutamat in der chinesischen Küche. Die Krankheit wurde erstmals bei Gästen von asiatischen Restaurants beobachtet. Es kommt je nach Menge zu Hitzewallungen, Hautreaktionen, Übelkeit, Erbrechen und Kopfschmerzen sowie Durchfall. Die Symptome entstehen sehr schnell und klingen spontan ab, eine Bedrohung stellen sie nicht dar, sie sind aber äußerst unangenehm. Es handelt sich *nicht* um eine allergische Reaktion.

Gewürzverstärker sind abgesehen von Soßen, Suppen und Fertiggerichten natürlich auch in Wurst und in fast allen Würzmischungen zu finden.

Quellen versteckter Allergene

Schon bei den Steckbriefen ist immer wieder darauf eingegangen worden, wo sich Allergene verstecken können. Da sie ein großes diagnostisches und therapeutisches Problem darstellen können, sind ihnen hier nochmal einige zusätzliche Seiten gewidmet.

Versteckte Allergene gehören in der Regel nicht zur Grundrezeptur des Lebensmittels. Sie werden zugesetzt, um verschiedenste Funktionen zu übernehmen: sie dienen als Füll-, Quell- und Verdickungsmittel, beeinflussen Geschmack und Qualität des Endproduktes, wirken stabilisierend, überziehen Oberflächen oder imitieren andere Substanzen. Es handelt sich hier um natürliche Substanzen! Es sind also keine chemischen Zusatzstoffe, mit denen sich ein eigenes Kapitel ab Seite 125 beschäftigt. Nochmal zur Erinnerung: Chemische Zusatzstoffe führen zu den sogenannten pseudo-allergischen Reaktionen, also zu Intoleranzen, bei denen keine Antikörper gebildet werden. Die versteckten Allergene können, da es sich um natürliche Stoffe handelt, sehr wohl zu Allergien mit der Bildung von Antikörpern führen.

Substanzen, die zugesetzt werden und eine Allergie auslösen können, sind je nach Menge nicht deklarierungspflichtig, oder sie werden nur als Oberbegriff, z.B. Gewürzmischung, genannt. Daß diese Mischung mit Sellerie ein mögliches starkes Allergen enthält, ist nicht zu lesen.

Die folgende Tabelle nennt einige Quellen versteckter Allergene. Die Liste ist jedoch nur eine kleine Auswahl und ließe sich beliebig fortsetzen. Allergologen müssen sich ständig über die aktuell in Verkehr gebrachten Nahrungs-, Lebens- und Genußmittel und über die Innovationen der Lebensmittelindustrie auf dem neuesten Stand halten.

Tabelle 12 Quellen versteckter Allergene

Versteckte Allergene	Bedeutung als Allergen
Pflanzenöle aus Sonnenblumen Sesam Mohn Distel Erdnuß	lösen auch bei Sensibilisierung gegen die Spenderfrucht meist keine allergischen Reaktionen aus; sind die allergenen Eiweiße durch Reinigung nicht vollständig aus dem Öl entfernt, können Personen mit sehr hohem Sensibilisierungsgrad erkranken

Versteckte Allergene	Bedeutung als Allergen
Trennmittel Bienenwachs	in sehr seltenen Fällen von Bienengift-Allergie sind Reaktionen möglich
Pflanzensamen (-hüllen) Sesam Mohn Leinsamen Sonnenblumen-kerne Pinienkerne Pistazien Baumwollsaat	sind starke Allergene und werden in Brot, Knäckebrot, Kuchen und Gebäck (gelegentlich nicht erkennbar) eingearbeitet, auch in Wurst (Pistazie); Sesamhüllen finden sich auch in Mineralstoff-präparaten; neuerdings auch Baumwollsaat als Füllstoff in Brot, Bonbons, Kuchen und Gebäck
Backmittel Malz, Gerste Mais, Soja Guarkernmehl Hefen Pilzamylasen Bakterien-amylasen	Malz aus Gerste wird als Quellmehl und Bräunungsmittel eingesetzt, auch Quellmehle aus Mais; Sojamehl als Proteinersatz, Streck- und Bindemittel, Guarkernmehl, Hefen, Bakterien- und Pilzamylasen erhöhen das Brotvolumen und machen den Teig besser verarbeitbar; für Pilzamylasen gibt es nur Einzelfall-berichte über Allergien durch orale Aufnahme; Backmittel spielen durch Einsatz von Fertigmischungen zunehmend eine Rolle
Technische Enzyme Amylasen Proteasen Bromelin, Papain	Obstsaft, Bier, Gebäck, Kartoffelbrei, Medikamente, in der Literatur nur Einzelfallberichte über Allergien
Pflanzenauszüge Bergamottöl Blüten mit Pollen Kräuter Haselnuß Aprikosenkerne Erdnuß	in Tees, Bonbons, zur Aromatisierung, in Medikamenten als Wirkstoffe; Haselnuß in feinen Schokoladen; Aprikosenkerne in Persipan (falsches Marzipan); Erdnuß in Billigschokoladen als Kakaoersatz

Versteckte Allergene	**Bedeutung als Allergen**
Soja	Soja, ein zunehmend häufiges Allergen, ist ein Proteinersatz, Streck- und Bindemittel in Backwaren, Wurst und Geschmacksmittel in Suppen, Soßen, Halbfertiggerichten, auch in Teigwaren (Nudeln), als Kaffeeweißer u.a; Sojalecithin ist in der Regel kein Allergen.
Traganth	in Salatsoßen, Milchprodukten, Käsezubereitungen, Kaugummi als Stabilisator;
Gummi arabicum	in Limonaden, Milchprodukten, Wurstwaren;
Carrageen	als Stabilisator von Eiscreme, Milchgetränken, Kondensmilch; Verdickung von Tomatenketchup, Fertigsoßen, Cremes, Konfitüren;
Johannisbrotkernmehl	in Speiseeis, Schmelzkäse, Fertigsalate, Pannaden, Cremespeisen, Kaugummi als Stabilisator
Guarkernmehl	in Guarkernsoßen, Puddingpulver, Speiseeis als Quellmittel, Joghurt, Milchshakes, in Diabetikerkost, Würzsoßen, Kaugummi als Quellstoff.
Nüsse, Fruchtkerne Erdnuß, Haselnuß Aprikosenkerne	Schokoladen, Süßigkeiten, Gebäck Liköre
Milcheiweiß	als Bindemittel in Wurstwaren, Brot, Kuchen, Gebäck, Obstsalat, Bonbons u.a.
Hühnerei	Emulgator für viele Fertigprodukte, Soßen, Konfitüren, Ketchup, Pudding, Teigwaren; als Klärmittel für Rotwein, Campari; Eigelb wird zur Färbung eingesetzt, aber auch in Medikamenten und Kopfwaschmitteln
Fleisch	Fleisch-Allergien sind selten; zu berücksichtigen sind alle Arten von Fonds, Fleischbrühen, auch in Soßen und Suppen sowie Fertiggerichten.
Fischmehl	zur Proteinanreicherung im Hühnerfutter; kann in Speisen auf das Hühnerei übergehen

Mögliche Bedeutung gentechnisch veränderter Nahrungsmittel für Allergiker

Seit den 70er Jahren wird die Gentechnik zur Veränderung und Kultivierung von Lebensmitteln eingesetzt. Dabei ist es möglich geworden, die Erbsubstanz von einem Lebewesen auf ein anderes zu übertragen, z.B. von einer Pflanze auf eine andere. Wissenschaftler haben Möglichkeiten gefunden, bestimmte Gene entweder in einem Produkt auszuschalten oder ein bestimmtes Gen mit einer bestimmten Eigenschaft auf ein anderes Produkt zu übertragen. Ein aktuelles Beispiel ist Soja, dem man ein bestimmtes Bakteriengen eingesetzt hat, um die Pflanze gegen Unkrautvernichtungsmittel resistent zu machen. Bei der »Gentomate« ist es gelungen, sie fester zu machen, so daß sie bei der Ernte weniger leicht beschädigt wird und weniger schnell fault. Die gentechnisch veränderte Tomate ist eines der ersten Produkte gewesen, das auf dem Markt angeboten wurde. In Deutschland sind sie noch verboten.

Die Welternährung ist heute nicht mehr sichergestellt. Für den Anbau von Nahrungsmitteln kann die Gentechnologie eine wichtige Rolle spielen, zum Beispiel in Ländern, in denen die klimatischen Bedingungen für das Wachstum bestimmter Nahrungsmittel ungünstig sind. Aber auch bei der Herstellung von Medikamenten wird sie weltweit eingesetzt.

Die Gentechnologie wird also aus vielerlei Gründen nicht aufzuhalten sein und kann nicht so ohne weiteres verteufelt werden. Für die Beurteilung, ob die Gentechnologie Risiken oder Chancen für den Verbraucher birgt, muß man berücksichtigen, daß Gentechnologie im Labor wesentlich überschaubarer ist, als der Wandel von Nahrungsmitteln, die sich im Laufe von Jahrzehnten durch Mutationen von selbst vollzieht.

Mit dem Übertragen von Genen von einem Nahrungsmittel auf das andere können aber auch allergene Eigenschaften übertragen werden, denn auch sie sind an bestimmte Moleküle gebunden. So weiß man zum Beispiel, daß Hauptallergene der Kuhmilch an bestimmten Stellen eines Moleküls sitzen. Wird ein solches Allergen dann auf ein anderes Nahrungsmittel übertragen, kann dies für den Allergiker im schlimmsten Fall bedeuten, daß er auf ein Nahrungsmittel reagiert, das für ihn bislang ungefährlich war. So ist beispielsweise ein Versuch aufgegeben worden, Eigenschaften der Paranuß auf Soja zu übertragen, da mit den Genen gleichzeitig ein wichtiges Hauptallergen der Paranuß auf Soja übertragen wurde. Dieses Produkt ist nicht auf den Markt gekommen.

Wissenschaftler, die sich mit gentechnologisch hergestellter Nahrung beschäftigen, kennen diese Zusammenhänge und prüfen in der Regel auch die Probleme der Allergene. Beim verantwortungsvollen Umgang mit der Gentechnologie sind Allergiker entgegen spektakulären Meldungen der Medien nicht gefährdet. Für den Verbraucher ist es allerdings wichtig zu erfahren, welche Nahrungsmittel durch Gentechnologie verändert wurden.

Umgekehrt ist es heute aber auch möglich, ein Nahrungsmittel zu züchten, dem die Hauptallergene fehlen. Dies wird bereits in Japan praktiziert: Man stellt für die vielen Reisallergiker einen sogenannten »hypoallergenen Reis« her, der für viele Patienten verträglich ist. Die Gentechnologie hat also auch für Allergiker zwei Seiten. Viele gentechnische Manipulationen sind für den Allergiker allerdings nicht von Bedeutung, da weder Hauptallergene übertragen werden, noch an den Stellen des Moleküls manipuliert wird, an dem Hauptallergene sitzen.

Für die in den letzten Monaten heiß diskutierte gentechnologisch veränderte Sojabohne z.B. wurde bei Soja-Allergikern keine verstärkte Allergenität festgestellt. Die allergenen Strukturen im Molekül wurden durch den gentechnologischen Eingriff nicht berührt. Soja-Allergiker werden also die alte wie auch die neue Sojabohne in gleichem Maße nicht vertragen. Unglücklich wäre es jedoch, wenn zum Beispiel Eigenschaften von Schweinefleisch auf Rindfleisch und damit auch Allergene übertragen werden würden. Davon ist allerdings derzeit nicht die Rede.

Gentechnisch veränderte Mikroorganismen (z.B. Bakterien und Hefepilze) kommen schon lange bei der Herstellung von bestimmten Nahrungsmitteln, wie etwa Wein, Bier, Käse und Brot, zum Einsatz. Diese Kleinstlebewesen zersetzen oder fermentieren die Inhaltsstoffe und machen die Nahrungsmittel zu dem, was sie sind. In England wurde zum Beispiel eine Bierhefe hergestellt, die die Malzstärke vollständig abbauen kann. Dieses Bier ist dann kalorienärmer.

Die Gentechnologie ist schon weit verbreitet, und man kann sie nicht mehr abschaffen. Es ist jedoch wichtig, daß die Verbraucher eine umfassende und vollständige Aufklärung von den Herstellern fordern und diese gesetzlich verankert wird.

Schimmelpilzverunreinigungen auf Nahrungsmitteln

In der Regel gilt: Waschen Sie Obst und Gemüse sorgfältig, verzehren Sie kein angefaultes Obst, Gemüse und Salate. Das ist nicht nur aus allergologischer Sicht bedeutsam, denn Schimmelpilze enthalten gewisse Gifte, die andere Krankheiten verursachen können. Auch angeschimmeltes Brot sollte niemals verzehrt werden! Bei sachgemäßer Lagerung der Nahrungsmittel (was auch die sorgfältige regelmäßige Reinigung des Kühlschrankes beinhalten sollte), ist nur in relativ seltenen Fällen mit allergischen Reaktionen durch Schimmelpilzverunreinigungen zu rechnen.

Schimmelpilze spielen bei unserer Nahrung aber auch insofern eine Rolle, als sie Bestandteil von Lebensmitteln sein können, natürlicherweise entstehen oder für die Herstellung zugesetzt werden (z.B. Schimmelkäse). In der Regel sind fast alle Käse, die natürlicherweise auf der Oberfläche oder im Inneren Schimmel enthalten, verträglich; ausgenommen sind ganz starke Schimmelpilz-Allergiker.

Schimmelpilze werden auch in anderen Produkten eingesetzt, hier dienen sie als Herstellungszutat oder Beschleuniger einer Reaktion. Tabelle 13 zeigt wichtige Schimmelsporen und deren mögliches Vorkommen in und auf Lebensmitteln.

Tabelle 13 Schimmelpilzkontamination von Nahrungsmitteln

Name des Schimmelpilzes	Nahrungsmittel
Cladosporium	Käse, Milch, Fleisch, Brot, Marmeladen, Säfte, Tomaten
Alternaria tenuis	Raps, Rüben, Früchte, Samen, Rhizomen und Knollen, Innenfäule von Zitrusfrüchten, fetthaltige Milchprodukte
Aspergillus, Penicillium, Scopulariopsis, Paecilomyces	allgemeine Lebensmittelverderber
Aspergillus fumigatus	Getreide, Butter, Fette
Aspergillus amstelodami	Marmeladen, Honig, Süßwaren
Aspergillus versicolor	Fleisch, Brot, Käse
Penicillium chrysogenum und Penicillium notatum	Käse, Milchprodukte, Brot, Backwaren, Früchte, Gemüse, Fleisch und Wurstwaren
Penicillium expansum	Äpfel, Birnen, Kirschen, Trauben (Blauschimmel)

Name des Schimmelpilzes	Nahrungsmittel
Scopulariopsis brevicaulis	Fleisch, Fisch, Fette, Milchprodukte
Fusarium	Weißfäule von Kartoffelknollen, Tomatenwelke
Fusarium vasinfectum	Früchte, Samen, Futtermittel, Bananen, Paranüsse, Rhizinussamen, Kartoffelknollen, Wintergetreide
Fusarium culmorum	Trinkwasserleitungen, fetthaltige Substrate
Neurospora sitophila	Brotschimmel, Sauerteig, Mehl, Halbfertigbackwaren, Brot (Schnittware)
Botrytis-Arten	Stengel, Blätter, Blüten und Früchte, Erdbeeren, Birnen, Äpfel, Weinbau (Sauerfäule), reife Weinbeeren (»Edelfäule«), Milch, Butter, Molkereiprodukte, Haferflocken, Getreidekörner, Flaschenkorken
Mucor und Rhizopus	Brot- und Backwaren, reife Früchte (Tomaten), Getreideschrot, Maischebereitung
Mucor mucedo	faulende, pflanzliche Abfälle, Molkereiprodukte, Nüsse, Tabak, Kühlhausfleisch
Aureobasidium (Pullularia pullulans)	Gräser (Getreide), Liliengewächse, Nelkengewächse, Korbblütler

(modifiziert nach Krempl-Lamprecht, 1981)

Zusammenfassend ist festzustellen, daß die Sorgfalt des Umganges mit Lebensmitteln auch bei Schimmelpilz-Allergikern viele Nahrungsmittel unproblematisch macht. Bei sehr hochgradigen Schimmelpilz-Allergikern können jedoch auch verbliebene Spuren auf oder in Lebensmitteln allergische Symptome auslösen.

Wissenswertes über Lebensmittel-Zusatzstoffe

Die Bedeutung von Lebensmittel-Intoleranzreaktionen durch Zusatzstoffe (sogenannte pseudo-allergische Reaktionen) wird in der Regel hinsichtlich der klinischen Bedeutung erheblich überschätzt, darf aber nicht ignoriert werden. Die Gründe für die Überschätzung sind mentaler Natur in Folge der Negativbesetzung chemischer Zusatzstoffe und der damit häufig verbundenen Verwechslung mit Giftwirkungen, Rückständen u.a. Die Medien sind gleichermaßen verantwortlich für diese Fehleinschätzung.

Die Zusatzstoffe der Europäischen Union werden mit E-Nummern gekennzeichnet; es gibt knapp 300. Die Zulassungsbestimmungen für diese Zusatzstoffe gelten mittlerweile für die ganze Europäische Union. Das bedeutet, daß Stoffe, die bislang bei uns verboten waren, nun eingesetzt werden können.

Die Tatsache, daß Lebensmittel-Zusatzstoffe mit einer E-Nummer gemäß Zusatzstoff-Verordnung zu kennzeichnen sind, bedeutet noch lange nicht, daß es sich immer um chemisch definierte Substanzen handelt, und bedeutet auch nicht, daß sie alle krankmachende Potenzen haben. Es wird selten berücksichtigt, daß eine nicht unerhebliche Zahl aus natürlichen Lebensmitteln gewonnen wird und sie daher auch potentielle Allergene darstellen können. Im Gegensatz dazu lösen Substanzen chemischen Ursprungs pseudo-allergische Reaktionen aus.

Die folgende Übersicht stellt natürliche Hilfs- und Zusatzstoffe zusammen, die eine Allergie auslösen können.

Hilfs- und Zusatzstoffe natürlichen Ursprungs, die zu einer »echten« Allergie führen können

Ätherische Öle
Kräuter
Gewürze
natürliche Aromastoffe
Amaranth
Carotine
Karkumin
Rote Bete
Honig
Malz
Stärke
Hefen
Mehle
Guarkernmehl
Soja
Traganth

Azorubin	Harze
Karmin	Kautschuk
Cochenille	Gelatine
Bienenwachs	Pektine
Bluteiweiße	Parabene
Enzyme (Bromelain und Papain)	Gummi arabicum
Pilz-Bakterien-Amylasen	Johanniskernmehl
Carrageen	u.a.

Chemische Zusatzstoffe, die zu einer Pseudo-Allergie führen können, sind z.B. Schwefeldioxide, Sorbinsäure, Benzoesäure, Azofarbstoffe (Tartrazin u.a.) sowie naturidentische Aromastoffe.

Die nachfolgende Tabelle zählt jene Substanzen auf, die mit einer E-Nummer gekennzeichnet sind und von denen allergische wie auch pseudo-allergische Reaktionen bekannt geworden sind. Nicht gekennzeichnet sind diejenigen Substanzen, die wegen möglicher gesundheitlicher Risiken für *alle* Bevölkerungsgruppen relevant sind. Auch die evtl. Symptome sind nicht genannt, z.B. Schleimhautreizungen durch Wasserbehandlung mit Chlor, die abführende Wirkung von Zuckeraustauschstoffen, die evtl. Kanzerogenität (Krebsauslösung) von Azofarben u.a. Es sind alle Zusatzstoffklassen und innerhalb dieser diejenigen Stoffe aufgezählt, die in der Literatur als Krankheitsauslöser (Allergie oder Pseudo-Allergie) in unterschiedlichem Maße Erwähnung fanden. Einige Stoffklassen, beispielsweise Stabilisatoren und Emulgatoren, die in der Bevölkerung eine schlechte Presse haben, zählen nicht zu denjenigen Substanzgruppen, von denen tatsächlich allergische oder pseudo-allergische Reaktionen zu erwarten sind. Gleiches gilt für Backtriebmittel, Schmelzsalze, Phosphate, Feuchthaltemittel u.a.

Tabelle 14 Lebensmittelzusatzstoffe aus der E-Nummern-Liste, von denen allergische und pseudo-allergische Reaktionen bekannt geworden sind

Die Reaktion trat • sehr selten, •• gelegentlich, ••• häufiger auf.

Zusatzstoffklasse/ Name E-Nummer	Pseudo-Allergie	Allergie	Herkunft/Aussehen/Stoffklasse
Farbstoffe			
Tartrazin 102	•••	•	synthetisch, gelb Azofarbstoff
Chinolingelb 104	••	–	synthetisch, gelb
Gelborange S 110	••	–	synthetisch, gelb-orange
Cochenillerot 120	–	•	allergener Farbstoff aus der Schildlaus Coccus cactus, rot
Azorubin 122	••	–	synthetisch, rot Azofarbstoff
Amaranth 123	••	–	synthetisch, rot Azofarbstoff
Cochenillerot 124	••	–	synthetisch, rot Azofarbstoff

Zusatzstoffklasse/ Name E-Nummer	Pseudo-Allergie	Allergie	Herkunft/Aussehen/Stoffklasse
Farbstoffe			
Erythrosin 127	–	• photo-sensibel	synthetisch, rosarot Azofarbstoff
Indigotin 132	–	•	wenn aus Pflanzen gewonnen: synthetisch, blau
Brilliantschwarz 151	•	–	synthetisch, schwarz Azofarbstoff
Rubinpigment 180	•	–	synthetisch, rot Azofarbstoff
Kurkumin 100	–	•	Extrakt aus Gelbwurz
Von den zahlreichen weiteren Farbstoffen sind keine allergischen oder pseudoallergischen Reaktionen bekannt.			
Konservierungsstoffe			
Sorbinsäure 200	•	• Kontakt-allergen	aus Früchten, synthetisch
Benzoesäure/ Benzoate 210 bis 213	•••	••• Kontakt-allergen	aus Benzoeharz, synthetisch
PHB-Ester 214 bis 219	–	•• Kontakt-allergen	aus Benzoesäure, synthetisch
Phenyle/Phenole 230 bis 232	–	•	synthetisch, Oberflächen-behandlung von Obst

Zusatzstoffklasse/ Name E-Nummer	Pseudo-Allergie	Allergie	Herkunft/Aussehen/Stoffklasse
Konservierungsstoffe			
Thiabendazol 233	–	•	synthetisch, Oberflächenbehandlung von Obst

Von den zahlreichen weiteren Konservierungsstoffen sind keine allergischen oder pseudo-allergischen Reaktionen bekannt.

Zusatzstoffklasse/ Name E-Nummer	Pseudo-Allergie	Allergie	Herkunft/Aussehen/Stoffklasse
Antioxydationsmittel			
Schwefelverbindungen 220 bis 227	•••	–	synthetisch, Asthma, Schnupfen Magen-Darm.Beschwerden, Kopfschmerzen
Gallate 310 bis 312	•	–	synthetisch, aus natürlicher Gallensäure
Butylhydroxyanisol (BHA) 320	–	•	synthetisch
Butylhydroxitotuol 321	•	–	synthetisch, Hautreaktionen

Von den zahlreichen weiteren Antioxydationsmitteln sind keine allergischen oder pseudo-allergischen Reaktionen bekannt.

Zusatzstoffklasse/ Name E-Nummer	Pseudo-Allergie	Allergie	Herkunft/Aussehen/Stoffklasse
Säure/Säureregulatoren	–	–	aus Vergärung von Kartoffeln, Mais Obst, Wein, Traubenzucker, auch synthetisch

Für die zahlreichen anderen Substanzen sind keine allergischen oder pseudo-allergischen Reaktionen bekannt.

Zusatzstoffklasse/ Name E-Nummer	Pseudo-Allergie	Allergie	Herkunft/Aussehen/Stoffklasse
Dickungs- und Geliermittel			
Carrageen 407	–	•	aus Rotalgen
Johannisbrotkernmehl 410	–	•••	aus Samen des Johannisbrotbaumes
Guarkernmehl 412	–	••	aus Samen der Guarpflanze
Traganth 413	–	••	aus Rindensaft asiatischer Pflanzen
Gummi arabicum 414	–	••	aus Rindensaft mittelöstlicher Akazienbäume
Pektin 440 a	–	•	aus Äpfeln und Zitrusfrüchten
Für alle weiteren Dickungs- und Geliermittel sind keine allergischen oder pseudo-allergischen Reaktionen bekannt.			
Stabilisatoren/ Emulgatoren			aus Fetten, Silikaten, Magnesium, Aluminium, Erdöl u. a. nicht-allergenen Naturstoffen
Für diese Zusatzstoffklasse sind keine allergischen oder pseudo-allergischen Reaktionen bekannt.			
Trenn- und Überzugsmittel, Mittel für Reisefähigkeit			
Bienenwachs 901	–	•	aus Bienenwabe
Schellack 904	–	•	aus Schildlaus Coccus cactus

Zusatzstoffklasse/ Name E-Nummer	Pseudo-Allergie	Allergie	Herkunft/Aussehen/Stoffklasse
Trenn- und Überzugsmittel, Mittel für Reisefähigkeit			
Benzoeharz 906	–	• Kontakt-allergen	aus Kiefernharz
Wollfett 913	–	•• Kontakt-allergen	aus Schafwolle
Kolophonester 915	–	•• Kontakt-allergen	aus Terpentinöl (Kolophonium)
Geschmacksverstärker			
Glutaminsäure und Glutamate 620 bis 623	•••	–	aus Rückständen der Zuckerherstellung (Aminosäure), löst China-Restaurant-Krankheit aus; Nervenreizstoff, der auch im Körper vorkommt

Für einige weitere Stoffe dieser Klasse sind keine allergischen oder pseudo-allergischen Reaktionen bekannt.

Wasserbehandlungsmittel	–	–	synthetisch

Es sind keine allergischen oder pseudo-allergischen Reaktionen bekannt.

Zuckeraustauschstoffe/Süßstoffe	–	–	aus Zuckeralkoholen, Manna, Algen, auch synthetisch

Für diese Stoffklasse sind keine allergischen oder pseudo-allergischen Reaktionen bekannt.

Feuchthaltemittel	–	–	aus Zuckeralkohol, Ölen, Fetten

Es sind keine allergischen oder pseudo-allergischen Reaktionen bekannt.

Zusatzstoffklasse/ Name E-Nummer	Pseudo-Allergie	Allergie	Herkunft/Aussehen/Stoffklasse
Backtriebmittel	–	–	synthetisches, natürliches Material
Es sind keine allergischen oder pseudo-allergischen Reaktionen bekannt.			
Modifizierte Stärke	–	–	aus Stärke
Es sind keine allergischen oder pseudo-allergischen Reaktionen bekannt.			
Schmelzsalze und Phosphate	–	–	aus phosphathaltigen Erzen, Phosphorsäure; die Verursachung des hyperkinetischen Syndroms bleibt umstritten
Es sind keine allergischen oder pseudo-allergischen Reaktionen bekannt.			

Reaktionen auf Schwefelverbindungen

Viele Menschen reagieren auf den Zusatz von Schwefeldioxid in Lebensmitteln. In der Regel kommt es zu Schnupfen und bei Asthmatikern zu Atemnot. Besonders häufig werden diese Reaktionen durch Wein ausgelöst. Derzeit müssen Schwefelmengen ab 50 mg/kg oder Liter deklariert werden. Im Einzelfall sind aber auch Reaktionen unterhalb dieser Grenze möglich. Demnächst soll die Deklarationsgrenze auf 20 mg/kg oder Liter gesenkt werden.

Obwohl diese Schwefelverbindungen gesundheitlich völlig unbedenklich sind und sie auch in größeren Mengen zugesetzt werden dürfen, spielen Reaktionen darauf eine nicht unerhebliche Rolle. Beschwerden können schon ab einer Aufnahme von 5 mg vorkommen. Intoleranzreaktionen, die möglicherweise auf einem Defekt des Enzyms beruhen, das die Schwefelverbindung im Körper abbaut, werden bei Allergikern und auch bei Nichtallergikern beobachtet. Es ist jedoch eine Häufung bei Nichtallergikern zu beobachten, die an einer sogenannten ASS-Intoleranz leiden. ASS ist die Abkürzung für Acetylsalicylsäure. Es ist der Wirkstoff von Aspirin®, der aber auch in anderen Schmerz-, Fieber- und Grippemitteln vorkommt.

Die folgende Übersicht zeigt Lebensmittel, denen laut Zusatzstoff-Verordnung Schwefeldioxid zugesetzt werden darf.

Diesen Lebensmitteln darf Schwefeldioxid zugesetzt werden

- Trockenfrüchte
  - Aprikosen, Birnen, Pfirsiche
  - Ananas, Äpfel, Quitten
  - Weinbeeren, ausgenommen Korinthen
- glasierte halbfeuchte Trockenfrüchte
- kandierte Früchte, andere kandierte Pflanzenteile und Belegfrüchte
- Zitronat und Orangeat
- Ingwer in Sirup
- zerkleinerte Zitrusschalen für gewerbliche Backzwecke
- rohe, geschälte Apfelstücke für gewerbliche Backzwecke
- Obstgeliersaft, flüssiges Pektin
- zerkleinerter Merrettich
- Spargel, Sellerie, Zwiebel, Blumenkohl, weiße Rüben, Pastinaken, jedoch nur getrocknete Erzeugnisse
- zerkleinerte Zwiebeln, Zwiebeln in Essig, zerkleinerter Knoblauch
- Gemüse in Essig
- Kartoffelerzeugnisse
  - Kartoffelerzeugnisse und roher Kartoffelteig
  - tiefgefrorene Kartoffelerzeugnisse
  - geschälte, auch zerkleinerte Kartoffeln
- Trockenstärke, Maltodextrine
- Gerstengraupen, Gerstengrütze
- Sago
- lufttrockene Speisegelatine
- Zuckerarten
  - raffinierte Zucker, Zucker, Halbweißzucker, Dextrose kristallwasserhaltig und kristallwasserfrei
  - Flüssigzucker, Invertflüssigzuckersirup, bezogen auf die Trockenmasse
  - Glucosesirup und getrockneter Glucosesirup
  - Glucosesirup zur ausschließlich gewerbsmäßigen Herstellung von Zuckerwarenerzeugnissen
  - getrockneter Glucosesirup zur ausschließlich gewerbsmäßigen Herstellung von Zuckerwarenerzeugnissen
- Hart- und Weichkaramellen, Fondanterzeugnisse

- aus Fruchtpulpe und Fruchtmark hergestellte Erzeugnisse für Süßwaren und Backwaren
  - Konfitüre einfach, Gelee einfach, Marmelade
- Gärungsessig
- Zitrussäfte und konzentrierte Zitrussäfte zur gewerbsmäßigen Weiterverarbeitung, ausgenommen solche zur Herstellung von zur Abgabe an den Verbraucher bestimmten Fruchtsäften, konzentrierten Fruchtsäften oder Fruchtnektaren
- Würzmittel aus Zitronensaft
- alkoholfreier Wein
- andere, hier nicht aufgeführte Lebensmittel, ausgenommen Getreidemahlerzeugnisse und daraus hergestellte Teigmassen

Laut Weingesetz und entsprechender Zusatzstoff-Verordnung dürfen – unbeschadet strengerer Bestimmungen – Rotweine 175 und Weiß- und Roséweine 225 mg/l Gesamtschwefeldioxid zur Haltbarmachung enthalten. Für Spätlesen, Auslesen und Trockenbeerenauslesen sind noch höhere Gehalte (300 bis 350 bzw. bis 400 mg/l) zugelassen; es ist aber beabsichtigt, die Gehalte wesentlich abzusenken, sofern dies die Technologie erlaubt. Sulfite treten auch natürlicherweise als Nebenprodukte der Gärung auf.

Sind Dosenwaren konserviert?

Es besteht wenig Aufklärung darüber, daß beispielsweise Obstkonserven keine Konservierungsmittel beigesetzt werden dürfen. Die Konservierung erfolgt in der Regel durch Zucker oder Sirup und Hitzeeinwirkung. Über Zucker und Sirup können jedoch kleine Mengen von Schwefelverbindungen (Sulfite) in die Konserve gelangen; sie sind aber meist nicht bedeutend.

Gemüsekonserven werden häufig in einer Salzlake konserviert. Die klassischen Konservierungsmittel wie Sorbinsäure oder Benzoesäure und seine Abkömmlinge sind hier in der Regel nicht enthalten. Da Deklarationspflicht für deutsche Produkte besteht, kann dies auf der Zutatenliste nachgelesen werden.

Leicht verderbliche Lebensmittel in Dosen (Mayonnaisen, Fische) enthalten in der Regel Konservierungsmittel. Sie müssen deklariert werden und sind auf der Zutatenliste genannt.

Neurodermitis und Zusatzstoffe

In den Medien wird immer wieder behauptet, daß bei der Neurodermitis Lebensmittelzusatzstoffe, insbesondere Konservierungs- und Farbstoffe, eine besondere Rolle spielen. In einer großangelegten Studie in Dänemark wurde der Zusammenhang zwischen Konservierungs- sowie Farbstoffen und Neurodermitis bei Kindern untersucht. Die Studie kam zu dem Ergebnis, daß nur bei etwa 2 bis 7 % der Kinder mit Neurodermitis auf diese chemischen Zusatzstoffe mit einer Verschlechterung der Haut reagieren. Die Rolle dieser Stoffklassen darf also nicht überbewertet werden.

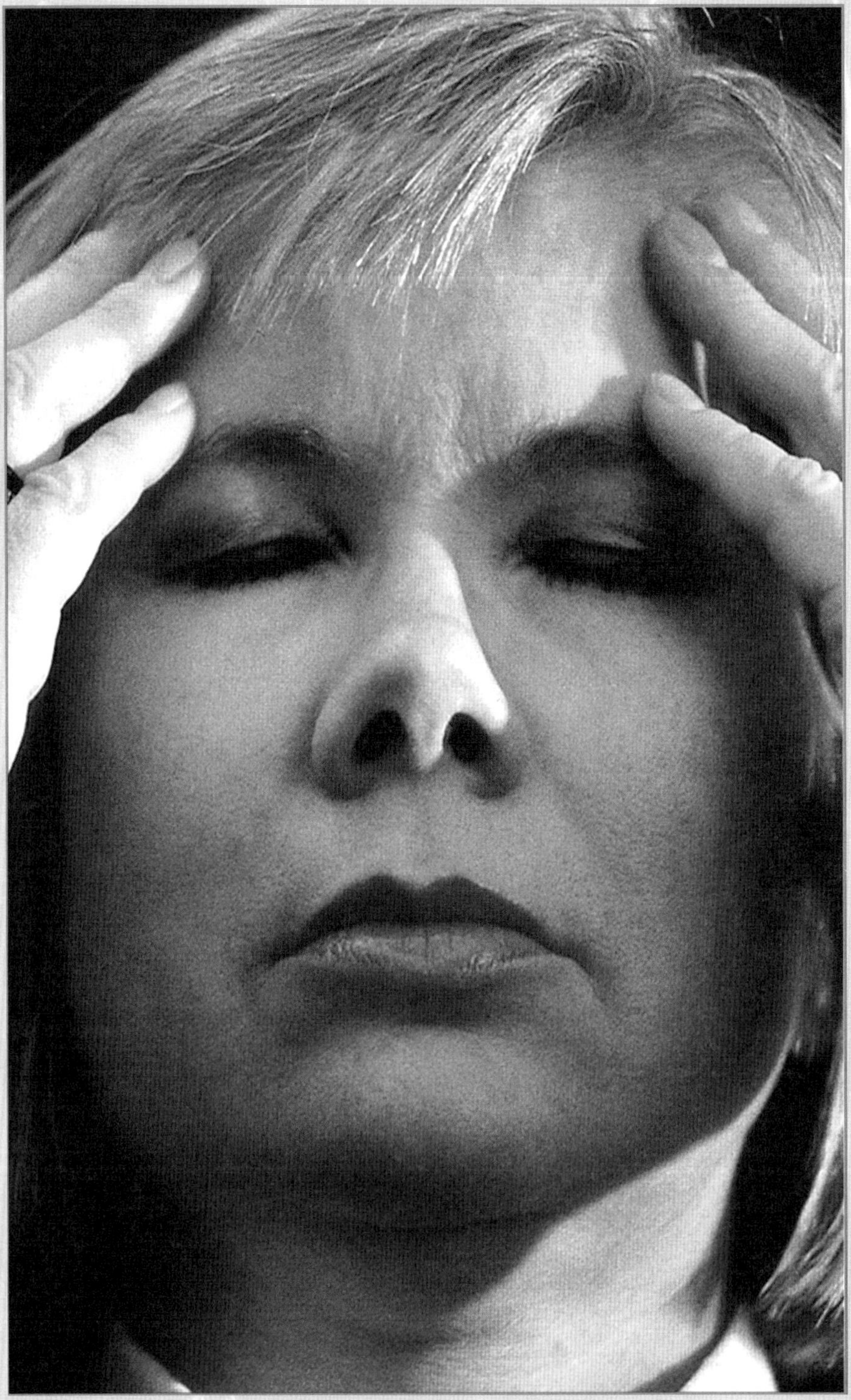

Unverträglichkeit von biogenen Aminen

Biogene Amine sind relativ einfache Moleküle, die im Stoffwechsel von Mensch, Tier und Pflanze vorkommen, zum Teil werden sie durch Mikroorganismen gebildet. Sie werden aus Aminosäuren, den kleinsten Bausteinen von Eiweißen, gebildet. Es handelt sich hier also *nicht* um Stoffe, die von der Lebensmittelindustrie in ein Lebensmittel eingearbeitet werden, sondern sie sind dort bereits natürlicherweise vorhanden. Normalerweise stellen sie daher keine Gefahr für den menschlichen Organismus dar.

Bei langer Lagerung können sie sich allerdings in bestimmten Produkten anreichern. Bei frischen Waren sind sie in geringeren Mengen, in gelagerten eventuell in größeren Mengen vorhanden. In der Lebensmitteltechnologie kann der Gehalt an biogenen Aminen zur Bewertung der Frische eines Lebensmittels herangezogen werden. Bei stark überalterten Produkten können einige dieser zunächst harmlosen biogenen Amine in so großen Mengen vorhanden sein, daß es zu einer Art Vergiftungserscheinung kommen kann. Beispielsweise reichert lang gelagerter Dosenthunfisch große Mengen des biogenen Amins Histamin an. Bei frischen Lebensmitteln besteht diese Gefahr kaum.

Biogene Amine beeinflussen auch das Aroma und den Geschmack eines Produktes. Ethylamin beispielsweise kommt in Teeblättern vor und ist ein wichtiger Geschmacksträger des Tees.

Genaue Zahlen zur Häufigkeit von Unverträglichkeitsreaktionen auf biogene Amine sind nicht bekannt.

Migräne durch biogene Amine

Die natürlicherweise vorkommenden biogenen Amine können bei manchen Menschen Krankheitserscheinungen auslösen, beim einen mehr, beim anderen weniger oder gar nicht. Individuelle Unterschiede werden derzeit dadurch erklärt, daß möglicherweise bei manchen Patienten ein Enzymmangel vorliegt, der verhindert, daß bestimmte biogene Amine ausreichend abgebaut werden. Es gibt aber auch Medikamente, die den Abbau von bestimmten biogenen Aminen verhindern.

Biogene Amine können beispielsweise eine bestimmte Migräneform auslösen. Hier ist etwa das biogene Amin Tyramin zu nennen, das in Schokolade, Käse, Zitrusfrüchten, in alkoholischen Getränken, aber auch in Seetieren, Tee oder Kaffee und in Schweinefleisch in unterschiedlichen Mengen vorkommt. Schon der griechische Arzt Hippokrates (400 v. Chr.) berichtete über Unbehagen, Hitzeanfälle und Kopfschmerzen nach Genuß von Käse.

Unter Migräne verstehen wir einen komplizierten Kopfschmerz, der oft mit einseitigem Schmerz über Stunden oder Tage einhergeht, verbunden mit Übelkeit, Erbrechen, Lichtscheu und Sehstörungen. Im Vorfeld kommt es häufig zu Augenflimmern, Gesichtsfeldausfällen und Sprachstörungen. Kopfschmerzen werden aber auch bei echten allergischen Reaktionen gefunden. Hier kann fast jedes nur erdenkliche Nahrungsmittel Auslöser werden, auch diejenigen, die keine biogenen Amine enthalten. Sie scheinen hier also keine Rolle zu spielen.

Wie kommt es zur Migräne?

Bei Patienten, bei denen aufgrund eines Enzymmangels im Magen-Darm-Trakt der Abbau der biogenen Amine nicht ausreichend erfolgt, gelangen die Stoffe über das Blut in den Kopf und können eine Migräne auslösen. Im Versuch läßt sich eine Migräne provozieren, wenn Medikamente eingenommen werden, die den Abbau dieser Enzyme hemmen.

Natürlich gibt es für Kopfschmerzen und für Migräne auch viele andere Ursachen. Es handelt sich *nicht* um eine allergische Reaktion, Antikörper gegen die auslösenden Lebensmittel oder Bestandteile werden nicht gebildet. Ein Allergie- oder Antikörpertest ist nicht möglich. Im Augenblick gibt es überhaupt keine Untersuchungsmethode, die zuverlässig voraussagen könnte, ob jemand biogene Amine ausreichend abbauen kann oder nicht. Jedoch wissen viele Migränepatienten bereits, daß sie z. B. durch Käse Kopfschmerzen bekommen. Alleine über die Krankengeschichte kann also der Verdacht erhoben werden, daß eine Unverträglichkeit von biogenen Aminen vorliegt.

Die wichtigsten biogenen Amine, von denen bekannt ist, daß sie Symptome auslösen können, sind:

Histamin	Phenylethylamin
Tryptamin	Dopamin
Serotonin	Adrenalin
Tyramin	Noradrenalin

Die Beschwerden sind eindeutig dosisabhängig. Geringe Mengen eines Nahrungsmittels (z. B. bestimmte Käsesorten) können noch verträglich sein, größere Mengen hingegen nicht. Bei unserer westlichen

Ernährung wird die Histaminaufnahme pro Mahlzeit auf maximal 4 mg geschätzt. Die meisten Menschen vertragen diese Menge problemlos.

Die folgende Zusammenstellung zeigt, welche Lebensmittel häufig subjektiv von Patienten als Auslöser für einen Migräneanfall genannt werden.

Lebensmittel, die häufig (hier in absteigender Reihenfolge) von Patienten als Auslöser von Migräne genannt werden

Schokolade
Milchprodukte (Käse)
Früchte (Zitrus)
alkoholische Getränke
in Fett gebratene Lebensmittel
Gemüse (Zwiebel)
Tee und Kaffee
Fleisch (Schweinefleisch)
Seetiere

Die nächste Zusammenstellung zeigt die Ergebnisse einer Studie an 2 313 Migränepatienten.

Lebensmittel	**Häufigkeit als Auslöser in %**
Käse	40
Schokolade	33
alkoholische Getränke	23
Zitrusfrüchte	21

Für die Patienten ist es jedoch sehr schwierig, den Gehalt an biogenen Aminen im Nahrungsmittel abzuschätzen. Da es sich bei den Grundnahrungsmitteln um biologische Produkte handelt, kann die Menge dieser Stoffe stark schwanken. Zum Beispiel kann der Gehalt an biogenen Aminen in einer bestimmten Weinsorte gleicher Lage von Jahr zu Jahr unterschiedlich sein. Aus diesem Grunde benennen Tabellen unterschiedliche Werte. Auch die Reifung kann eine Rolle spielen, auch die Rezeptur etwa beim Käse. So wurde zum Beispiel der Gehalt von Tyramin in einer Cheddarsorte aus England mit 7,2 mg/100 g gemessen, in einem alten Cheddar aus Kanada fand man 153 mg/100 g. Auch der Histamingehalt in bestimmten Käsesorten ist unterschiedlich. Er kann zwischen 0,4 bis 250 mg/100 g liegen.

Welche Funktionen haben biogene Amine im Körper?

Biogene Amine beeinflussen auch in positiver Weise verschiedene Funktionen im menschlichen Organismus, z.B. das Nervensystem. Sie haben medikamentenähnliche Wirkungen, sie sind als Vorstufen von Hormonen und Bausteine von Enzymen bekannt und spielen daher bei normalen biologischen Funktionen eine Rolle.

Abkömmlinge des Phenylethylamins, wie Adrenalin, Noradrenalin und Dopamin, sind wichtige Hormone der Nebenniere. In höheren Dosen steigt der Blutdruck an. Auch auf den Blutzuckeranstieg nimmt Phenylethylamin Einfluß.

Histamin, Serotonin und Tyramin sind sogenannte Gewebehormone. Histamin ist immer im Gewebe vorhanden, es ist also kein Gift. Es erweitert kleine Blutgefäße, fördert die Ausschüttung von Magensäften, und es wirkt auf die örtliche Durchblutung. Allerdings ist es unter bestimmten Bedingungen auch ausgesprochen krankmachend, z.B. bei allergischen Reaktionen. Hier werden durch die Allergene große Mengen an Histamin aus den Mastzellen freigesetzt (siehe S. 19ff.).

Das Serotonin steigert ebenfalls den Blutdruck und regt die Darmtätigkeit an. Es kommt im Gehirn, aber auch im Darm in größeren Mengen vor. Nahrungsmittel, die Serotonin enthalten, können daher diese Wirkung verstärken. Für das Gehirn trifft dies nur bedingt zu. Für die sogenannten biologischen Rhythmen (z.B. Schlaf-/Wachrhythmus, Hell- und Dunkelanpassung) spielt die Änderung der Serotonin-Konzentration im Gehirn eine Rolle. Wird Serotonin beispielsweise durch Medikamente gebremst, kann Schlaflosigkeit folgen.

Biogene Amine, z.B. auch das Serotonin, können die Stimmungslage, die Aktivität und den Antrieb beeinflussen. Bestimmte Krankheiten (z.B. die Parkinsonsche Erkrankung) werden durch die Gabe von biogenen Aminen (ein Abkömmling des Phenylalanins) gebessert. Wir sehen also, daß die biogenen Amine wichtige Körperfunktionen beeinflussen können.

Nachfolgend wollen wir uns den wichtigsten biogenen Aminen zuwenden, von denen auch wirklich Symptome ausgelöst werden können.

Biogene Amine in Fisch

Im Fisch spielen Histamin, Tyramin und Phenylethylamin eine Rolle. Das Histamin kommt in frischen Fischen und anderen Meerestieren in kleinen Mengen vor (weniger als 0,1 mg/100 g). In Fischprodukten finden wir zum Teil relativ hohe Werte, insbesondere in Produkten aus

Makrelen, Hering und Thunfisch. Tyraminreich sind z.B. gesalzene und getrocknete Heringe.

Tabelle 15 Gehalt von 3 biogenen Aminen in Hering, Makrele, Thunfisch und Sardellen (Angaben in mg pro 100 g Fisch)

	Histamin	Tyramin	Phenylethylamin
Heringe, Vollkonserve	0,224	0,185	< 0,01
Heringe, mariniert	0,3	0,218	0,3
Makrele, Vollkonserve	0,61	0,18	0,06
Makrele, tiefgefroren	0,01	< 0,01	< 0,01
Makrele, geräuchert	57,6	2,48	1,65
Thunfisch, Vollkonserve	7,9	0,23	0,12
Sardellen, Vollkonserve	17,6	5,87	8,75

(nach Pechanek, 1983)

Was sich hier an der gefrorenen Makrele zeigt, trifft auch für andere tiefgefrorene Fische zu: Der Gehalt an biogenen Aminen liegt meistens unter 0,01 mg/100 g.

Auch die Lagerzeit spielt eine große Rolle: Beim Hering liegt der Gehalt an Histamin bis zum 2. Tag bei Null und steigt dann bis zum 15. Tag auf ca. 13 mg/100 g an.

Je kälter die Lagertemperatur ist, desto niedriger liegt der Gehalt. Bei durchgehenden Kühltemperaturen um 3°C ist mit niedrigen Histamingehalten zu rechnen. Auch geräucherter Fisch ist immer stärker belastet als frischer Fisch.

Die meisten Unverträglichkeitsreaktionen kommen bei Patienten vor, die länger gelagerten Thunfisch aus der Dose verzehrt haben. Hier kommt es gelegentlich zu Vergiftungserscheinungen, wobei dann in einem Lokal in der Regel mehrere Personen betroffen sind. Der Histamingehalt dieser Fische liegt dann um 100 mg/100 g. Dunkelrotes Thunfischfleisch enthält etwa doppelt soviel Histamin wie weißes oder hellrosafarbenes.

Wie sehen die Beschwerden aus?

Die meisten krankhaften Reaktionen durch Histamin in Lebensmitteln verlaufen charakteristisch, meist sind sie mild. Sie entstehen in der Regel in den ersten 30 bis 60 Minuten nach Verzehr, nur in wenigen Fällen kann es etwas länger dauern. Es kommt zur allgemeinen Rötung der Haut, insbesondere im Gesicht, zu Quaddelbildung mit Juckreiz, auch zu

Übelkeit, die bis zum Erbrechen führen kann, zu Durchfällen, Magenkrämpfen, Kopfschmerzen, Schwindel und Empfindungsstörungen der Haut. Die Symptome können also durchaus mit einer Lebensmittel-Allergie verwechselt werden. Da das Histamin auch bei allergischen Reaktionen freigesetzt wird, kann hier mit sogenannten Antihistaminika symptomatisch behandelt werden.

Warum vertragen manche Menschen kein Histamin?

Histamin wird auch laufend durch die Darmflora gebildet. Die Inaktivierung erfolgt in der Regel im Magen-Darm-Kanal, wenn die dafür notwendigen Enzyme (Diaminooxidase und N-Methyltransferase) vorhanden sind. Für manche Patienten nimmt man an, daß sie einen Mangel oder eine Schwäche des Enzymes Diaminooxidase haben. Wichtig ist in diesem Zusammenhang, daß die gleichzeitige Aufnahme von alkoholischen Getränken eine Wirkungssteigerung hervorruft. Auch Medikamente, die sogenannten Histaminliberatoren (sie verursachen eine Freisetzung von Histamin), können die Wirkung unterstützen. Schlafmittel, die Barbitursäure enthalten, oder Hustenmittel vom Codein-Typ setzen Histamin frei.

Sind die Enzyme, die das Histamin inaktivieren, ausreichend vorhanden, werden die Histamine und andere biogene Amine ohne Schwierigkeiten vertragen.

Tabelle 16 Histamin in Fischprodukten

Produkt	Histamin (mg/100 g)
Kabeljau (gefroren)	0,03
Ölsardinen	0,05–0,4
Thunfisch	0,4–2,0
Sardellen	2,3–3,3
Brassen (gefroren)	0,1
Köhler	0,05
Krebs (Pastete)	0,07
Hummer (Pastete)	0,08
Krabben (Pastete)	0,8
Tintenfisch	0,22
Geräucherter Hering (Filet)	0,2
– (Eier)	1,2–35,0
Geräucherter Kabeljau (Eier)	0,4

(nach Quevauviller und van Hoa 1965)

Biogene Amine in Käse

Frische rohe Milch enthält in sehr geringen Mengen Histamin (0,02 bis 0,06 mg/100 ml) und Tyramin bis 0,1 mg/100 g, so daß mit klinischen Reaktionen nicht zu rechnen ist. Auch Säuglingsnahrung sowie Trockenmilchprodukte sind unproblematisch, denn der Gehalt an biogenen Aminen ist denkbar gering. Häufigster Auslöser von Symptomen sind verschiedene Käsearten, insbesondere Cheddar, Emmentaler, auch Schweizer Käse und einige Camembertsorten. Da es sich hier um biologische Produkte handelt, ist der Gehalt an biogenen Aminen in verschiedenen Käsesorten, abhängig von der Herkunft, Reifungszeit, Rezepturen u.a. äußerst unterschiedlich. Während der Käsereifung werden zunehmend biogene Amine wie Tyramin, Tryptamin und Phenylethylamin gebildet; der Gehalt an biogenen Aminen nimmt also mit dem Alter zu.

Tyramin: Der Gehalt an Tyramin wird auch zur Beurteilung des Reifezustandes von Käse herangezogen. Für verschiedene Cheddar-Käsearten konnten 7,2 bis 95,3 mg/100 g Tyramin gemessen werden, er kann bei einigen Käsesorten auch 150 mg/100 g betragen. Der Tyramin-Gehalt verschiedener Camembertsorten, des Stilton-Käses, Briearten, Emmentaler und Gruyère-Käse ist hoch, während Streichkäse nur geringe Mengen von Tyramin aufweisen (weniger als 0,02 mg/100 g). In einem Tilsiter aus Österreich wurde sogar ein Tyramin-Gehalt von 221 mg/100 g gemessen. Es gibt auch Untersuchungen, die zeigen, daß der höchste Gehalt dieses biogenen Amins in Rindennähe vom Käse gefunden wird. Man vermutet, daß das Tyramin von Bakterien in der Nähe der Käseoberfläche gebildet wird und nicht aus den Käsebakterien stammt.

Phenylalanin: Besonders reich ist Käse aus Holland, Butterkäse enthält praktisch kein Phenylalanin.

Histamin: Zu diesem biogenen Amin in Käse sind einige Untersuchungen durchgeführt worden. Die Angaben schwanken je nach Studie beträchtlich. Einige Beispiele sollen hier genannt werden: beim Emmentaler sind Werte zwischen 0,05 bis 250 mg/100 g gefunden worden, beim Camembert 0,04 bis 4,0 mg/100 g, bei Roquefort 0,01 bis 50 mg/100 g, beim Cheddar 1,2 bis 21 mg/100 g.

Biogene Amine in Fleisch, Fleischwaren und Wurst

Hierzu liegen nicht allzuviele Untersuchungen vor. Ähnlich wie bei Käse kann man aber auch bei Fleisch feststellen, daß mit zunehmender Reifung der Gehalt an biogenen Aminen ansteigt. In Frischfleisch sind diese Stoffe nicht enthalten, nach einwöchiger Reifung im Kühlhaus liegt der Gehalt an Tyramin aber schon bei ca. 420 mg/100 g. Bei gehacktem Rindfleisch ist es ähnlich; neben der Gefahr des schnellen Verderbs ist das auch einer der Gründe, warum es bereits am ersten Tag verbraucht werden sollte. Bei gepökeltem und gekochtem Schinken ist insbesondere der Gehalt an Tryptamin wesentlich höher als in frischem oder gekochtem Fleisch.

Während der Reifung der Rohwurst steigt der Gehalt an biogenen Aminen deutlich an. Große Mengen sind in Salami, Westfälischem Schinken und in Pfefferwurst enthalten. Kochwurst hingegen ist wesentlich ärmer an biogenen Aminen. Patienten, die z.B. unter einer Migräne leiden, bei der ein Zusammenhang zu dem Verzehr von biogenen Aminen besteht, sollten deshalb sicherheitshalber auf Kochwurst zurückgreifen. Auf Seite 102 sind die gängigsten Kochwurstarten aufgeführt.

Biogene Amine in Wein

Weine können aufgrund ihres hohen Gehaltes an Histamin, Tyramin und Phenylethylamin bei Migränepatienten Kopfschmerzanfälle auslösen. Der Gehalt an Histamin ist äußerst unterschiedlich. Entscheidend sind die Herstellungsmethoden, die Mannigfaltigkeit der verschiedenen Weinsorten sowie die Unterschiede von Jahr zu Jahr bei gleicher Lage. Obwohl man wegen der stark schwankenden Gehalte an biogenen Aminen im Wein keine allgemeinen Empfehlungen über dessen Genuß aussprechen kann, sollten hier einige Studien erwähnt werden. Am besten untersucht ist das Histamin.

Eine Studie zeigt, daß die Histamingehalte von französischen Weinen (30 mg/l) besonders hoch waren, in anderen europäischen Weinen konnten bis 22 mg/l gefunden werden. Es gibt Untersuchungen, die zu dem Ergebnis kamen, daß 87 % der untersuchten Weine weniger als 9 mg/l Histamin enthalten und 72 % davon nur 3 mg/l.

Auch Rotweine wurden untersucht, sie haben im Durchschnitt einen höheren Histamingehalt als Weißweine. Die Durchschnittswerte bei Rotweinen betrug 3,3 bis 3,8 mg/l Histamin, bei den Weißweinen 1,1 bis

1,2 mg/l Histamin. 25 % der Rotweine und nur 5 % der Weißweine zeigten einen Gehalt von über 5 mg/l.

Verschiedene Studien zeigen, daß Chianti äußerst reich an Tyramin ist. Auch ein Muscat und ein Fendant-Wein ist hier zu nennen. Rotweine aus Österreich enthielten weniger Tyramin als spanische Rotweine. Zuständig für die Entwicklung für Tyramin in Weinen sind Mikroorganismen, die für die Vergärung der Reinhefe zuständig sind. Auch Milchsäurebakterien haben diese Wirkung.

Der Wert von 5 mg/l Histamin wird für manche Menschen als eine kritische Schwelle gesehen, oberhalb derer die Verträglichkeit der Getränke fraglich ist. Der Gehalt an Histamin ist insofern wichtig, da Kopfschmerzen, Sodbrennen und Erbrechen bei höheren Mengen ausgelöst werden können. Wenn ein Patient nicht auf Wein verzichten möchte, muß er durch Probieren herausfinden, welchen Wein er in welcher Menge verträgt. Ein Jahr später kann der Wein aus der selben Lage aber schon wieder ganz andere Mengen an biogenen Aminen enthalten.

An dieser Stelle ist zu erwähnen, daß die Schwefelung des Weines bei vielen Patienten mit Schnupfen und Asthma zu Nasenlaufen und Atembeschwerden führen kann, wobei nur sehr geringe Mengen wirksam werden können.

An gleicher Stelle muß auch darauf hingewiesen werden, daß Schimmelpilze in Wein ebenfalls Symptome auslösen können, wobei diese dann in der Regel allergischer Natur sind (Schimmelpilz-Allergie).

Der Alkoholgehalt selbst hat keinerlei krankhafte Wirkungen. Deshalb vertragen viele Patienten mit Migräne und Kopfschmerzen Schnäpse und Bier besser. Mit dem Alkoholgehalt hat die Migräneauslösung also nichts zu tun, wenn er in normalen Quantitäten getrunken wird. Der »Kater« ist aber natürlich auch abhängig von der getrunkenen Alkoholmenge.

Wo kommen biogene Amine außerdem vor?

- **Bier:** Bier ist in der Regel gut bekömmlich, es finden sich nur sehr geringe Mengen von Histamin, das aus dem Hopfen stammt. Es wird auch von histaminempfindlichen Patienten meist gut vertragen. In Hopfenkonzentrat, das die Grundlage für die Bierherstellung ist, sind jedoch Konzentrationen von 12 bis 16 mg/100 g gefunden worden, im Frischhopfen nur 2 bis 4 mg/100 g.
- **Sauerkraut:** Sauerkraut wird aus Weißkohl mit Kochsalzzusatz hergestellt. Im Verlauf von vier bis sechs Wochen kommt es durch den Gehalt an Lactobacillen zur Milchsäuregärung. Biogene Amine sind in

großen Mengen vorhanden, insbesondere Tyramin und Histamin. Allerdings werden auch hier von Probe zu Probe unterschiedliche Mengen gefunden, die zwischen 0,9 und 13 mg/100 g liegen. Im Durchschnitt sind 5 mg/100 g enthalten. Bei entsprechend empfindlichen Personen können Kopfschmerzen und Durchfälle ausgelöst werden.

- **Obst:** Hier gibt es nur relativ wenige Untersuchungen; Bananen sind besonders gut erforscht. Man findet Tyramin, Serotonin, Histamin, Dopamin und Noradrenalin. In besonders hohen Konzentrationen kommen sie in den Bananenschalen vor. Serotonin ist für die Bräunung verantwortlich. Bananen können sowohl Kopfschmerzen wie auch Bauchbeschwerden hervorrufen. Dem Serotonin wird dabei eine besondere Bedeutung zugeschrieben.
  Orangen und Grapefruits enthalten kein Tyramin, es sind auch keine nennenswerten Histaminmengen enthalten. Das gilt auch für Zitronen und Mandarinen. In einer Probe eines Limonensaftes konnte etwas Tyramin festgestellt werden. Zitrusfrüchte können also in der Regel ohne Probleme verzehrt werden.
- **Gemüse:** Hier liegen wenige Untersuchungen vor. In Kartoffeln, Kohlrabi und Spinat konnte Tyramin gefunden werden; Tomaten sind relativ reich an Tyramin, Tryptamin, Histamin und Serotonin. Bei der Reifung von Tomaten nimmt der Serotoningehalt zu.
  Der Gehalt an biogenen Aminen hat in der Praxis keine Bedeutung; in der Regel wird Gemüse gut vertragen.
- **Hülsenfrüchte:** Hülsenfrüchte (Erbsen, Bohnen, Linsen) können Migräne auslösen. Es gibt jedoch kaum Untersuchungen über den Gehalt an biogenen Aminen. Ausnahme ist die Sojabohne, ebenfalls eine Hülsenfrucht. Welche Substanz für die Migräne durch Hülsenfrüchte verantwortlich ist, ist im einzelnen nicht bekannt. In Soja und auch Getreidekeimlingen ist offenbar kein Histamin gefunden worden.
- **Kakao und Schokolade:** Bei Migränepatienten ist die sogenannte Schokoladen-Migräne bekannt. Der Gehalt an Phenylethylamin und Tyramin ist relativ hoch. Allerdings gibt es auch hier von Produkt zu Produkt Schwankungen. Es wird auch Serotonin gefunden, auch diese wird für die kopfschmerzauslösende Wirkung verantwortlich gemacht.
- **Pilze:** Auch hier ist relativ wenig bekannt. Klinisch können wir bei Patienten selten Kopfschmerzen nach Pilzgenuß feststellen. Histamin und Tyramin konnte in Steinpilzen nachgewiesen werden.
- **Schwarzer Tee:** Kopfschmerzen, Migräne oder andere Symptome werden bei Patienten kaum beobachtet. Histamin, Tyramin und Serotonin kommen offenbar nicht in nennenswerten Mengen vor.

- **Hefeextrakte:** Sie enthalten je nach Hefeart in größeren Mengen Tyramin und Histamin. Auch Fleischextrakte enthalten mäßige Mengen an Tyramin, da ihnen in der Regel Hefe zugefügt wird.

An dieser Stelle muß noch einmal darauf aufmerksam gemacht werden, daß eine Dosisabhängigkeit besteht. Wird ein Produkt nur in geringen Mengen eingesetzt, so kann trotz eines hohen Gehaltes an biogenen Aminen eine klinische Reaktion vermieden werden. Bei Hefeextrakten, die nur in geringen Mengen verzehrt werden, ist das zu berücksichtigen.

Nahrungsmittel für eine Probekost, die wenig biogene Amine enthält

Die Fülle der Nahrungsmittel, die biogene Amine enthalten, bedeutet nicht unbedingt, daß der Patient das eine oder andere biogene Amin nicht doch verträgt. Er muß sich nicht völlig frei von biogenen Aminen ernähren. Hier spielt die Dosis und die Verzehrshäufigkeit natürlich auch eine Rolle.

Da es sich bei der Unverträglichkeit von biogenen Aminen nicht um eine Allergie handelt, kann die vermutete Diagnose auch nicht durch Haut- oder Bluttests abgesichert werden. Das vernünftigste Vorgehen, wenn durch die Krankheitsgeschichte des Patienten der Verdacht auf eine Unverträglichkeit von biogenen Aminen besteht, ist eine sogenannte »Probekost«. Sie enthält kaum noch biogene Amine und wird etwa über vier Wochen durchgeführt. Verschwinden unter dieser Kost die Beschwerden oder gehen sie zurück, können in diesen Speiseplan nicht enthaltene Nahrungsmittel einzeln nacheinander wieder aufgenommen werden. Mit diesem Prinzip der Suchkost wird geklärt, ob das einzelne Nahrungsmittel bestimmte Symptome, wie beispielsweise Migräne, auslöst oder nicht. Führt eine solche Probekost innerhalb von vier Wochen zu keiner Veränderung des Beschwerdebildes, kann der Verdacht, daß biogene Amine krankheitsauslösend sind, fallengelassen werden.

Der folgende Kasten zeigt einen Vorschlag für eine vierwöchige Probekost, in der die Histamingehalte unter 5 mg/kg Lebensmittel liegen und die Tyramingehalte unter 10 mg/kg Lebensmittel.

Nahrungsmittel für eine ca. vierwöchige Probekost, die kaum biogene Amine enthält

(Histamin unter 5 mg/kg, Tyramin unter 10 mg/kg; die mit * gekennzeichneten Lebensmittel sollen nicht lange gelagert, sondern frisch verzehrt werden)

Brot, Teigwaren, Getreideprodukte

- Brot* (ohne Backtriebmittel, Backpulver erlaubt), z. B. Matzen (= israelisches Fladenbrot), Knäckebrot
- Getreideflocken
- Getreidekörner
- Nudeln
- alle Teigarten ohne Hefe, z.B. Rührkuchen, Mürbeteig, Biskuitteig, Strudelteig

Milchprodukte

- Vollmilch, past.
- Magermilch
- H-Milch
- Sahne, sauer
- Sahne, süß
- Dickmilch*
- Buttermilch*
- Quark *
- Rahmfrischkäse*

Fleisch/Wurst

- Rindfleisch*
- Kalbfleisch
- Schweinefleisch
- Lammfleisch
- Geflügel
- Schinken, gekocht

Eier

Getränke

- Mineralwasser
- Kaffee (2 Tassen pro Tag)
- selbsthergestellte Obst- und Gemüsesäfte, z. B. Apfelsaft, Apfelschorle, Birnensaft, Karottensaft

Gemüse

- Blattsalate
- Chinakohl
- Wurzelgemüse
- Hülsenfrüchte
- Kartoffeln
- Paprika

Obst

- Apfel
- Birne
- Melone

(auch als Kompott)

Süßspeisen

- Puddingcreme ohne Schokolade oder Nuß
- Dessertpulver zum Kaltanrühren ohne Schokolade, Kakao oder Nuß
- Fruchtquark (Apfel, Birne, Melone)
- Sahneeis
- Milchreis

Lektine

Lektine sind ebenfalls kleine Substanzen, die natürlicherweise in einigen Gemüsen, Früchten, Soja und Getreidearten vorkommen. Sie können eine Histaminfreisetzung aus den Mastzellen verursachen. Auch hier handelt es sich, wie bei den biogenen Aminen, um keine allergischen Reaktionen.

Über den Gehalt an Lektinen in den einzelnen Nahrungsmittelgruppen ist wenig Zahlenmaterial vorhanden. Auch die Häufigkeit von Beschwerden durch den Verzehr lektinreicher Nahrungsmittel ist nicht ausreichend untersucht. Im Gemüse scheinen sie jedoch kaum eine Rolle zu spielen.

Unverträglichkeit von Salicylsäure und Aspirin®-Intoleranz

Die häufigste pseudo-allergische Reaktion ist die Intoleranz von Acetylsalicylsäure. Es ist der Wirkstoff von Aspirin®, der aber auch in anderen schmerz- und fiebersenkenden Mitteln vorkommt. Die Acetylsalicylsäure kommt zwar nicht in der Natur vor, aber andere verwandte Verbindungen, die sogenannten Salicylate können in größeren Mengen in Obst, Gemüsen oder Gewürzen vorkommen. Bei empfindlichen Menschen verursachen sie Nesselfieber, Schnupfen, Atemnot oder Quincke-Ödeme. Bedrohliche Reaktionen sind hier nicht zu erwarten.

Nicht jeder Patient, der Acetylsalicylsäure nicht verträgt, muß auch mit Reaktionen durch Salicylate rechnen und umgekehrt.

Tabelle 17 Salicylsäure-Gehalt verschiedener Nahrungsmittel

Nahrungsmittel	Gehalt an Salicylsäure in mg/kg
Gemüse	
Endiviensalat	19
Oliven grün, Champignons, Rettich	12–13
Zucchini	11
Meerrettich, Blumenkohl, Zwiebeln	1,6–1,8
Spargel	1,4
Obst	
Rosinen	66
Himbeeren, rote Johannisbeeren	50–52
Aprikosen, Orangen	23–25
Ananas	21
Preiselbeeren, Heidelbeeren	16
Erdbeeren	14
Gewürze	
Curry	2 180
Paprika, scharf	2 030
Oregano	660
Senf	260
Zimt	152

(Swain et al.)

Bei den Gewürzen muß berücksichtigt werden, daß sie nur in sehr geringen Mengen ins Essen eingearbeitet werden und sie trotz der hohen Salicylsäuregehalte kaum ins Gewicht fallen.

In ausländischem Bier kann Salicylsäure vorkommen, die es tropenfest macht. Im deutschen Bier ist der Zusatz nicht erlaubt.

Auch der Verarbeitungsprozeß beeinflußt den Gehalt an Salicylsäure: Ist die Konzentration bei frischen Tomaten noch gering, steigt sie bei Ketchup und Tomatenmark stark an, da es sich hier um ein Tomatenkonzentrat handelt.

Ein Hauttest für Salicylate ist nicht möglich, da es sich um eine nichtimmunologische Reaktion handelt. Obst, Früchte, Kräuter und Gewürze sind biologische Produkte, der Salicylatgehalt kann also stark schwanken; es gibt keine sicheren Richtgrößen.

Mitunter ist es sinnvoll, probeweise eine sogenannte salicylatarme Kost bei obigen Krankheitsbildern durchzuführen. Die Abhängigkeit von der aufgenommenen Menge spielt hier allerdings eine nicht unerhebliche Rolle.

Es ist nicht bekannt, welche Mengen an natürlichen Salicylaten einem Patienten mit Aspirin®-Intoleranz zugeführt werden müssen, um Symptome hervorzurufen.

Kreuzreaktionen bei Pollen-Allergikern

Pollenassoziierte Nahrungsmittel-Allergien

Die Ernährungsgewohnheiten prägen die »Allergen-Hitliste« von Patienten. Während bei Säuglingen und Kleinkindern tierische Eiweiße insbesondere von Kuhmilch und Hühnerei die stärksten und häufigsten Allergene sind, überwiegen bei Patienten im Erwachsenenalter Allergien durch pflanzliche Nahrungsmittel wie Nüsse, Früchte, Gemüse, Getreide, Kräuter und Gewürze. Aber auch Kuhmilch- und Hühnerei-Allergien kommen bei Erwachsenen vor. Kinder sensibilisieren sich gegen pflanzliche Nahrungsmittel in dem Umfang, wie ihre Kost der der Erwachsenen angeglichen wird.

Darüber hinaus wissen wir, daß die meisten Pollen-Allergiker auch unter einer Nahrungsmittel-Allergie leiden. Nur bei 4 bis 8 % der Patienten mit Allergien gegen pflanzliche Nahrungsmittel wird keine Pollen-Allergie gefunden. Es spielt dabei allerdings keine Rolle, ob der Heuschnupfen derzeit zu Beschwerden führt, früher vorhanden war oder evtl. noch entstehen wird. Entscheidend ist hier das Erbgut, also die Neigung zur Pollen-Allergie.

Aus den vorangegangenen Kapiteln wissen wir, daß der positive Hauttest mit Pollen-Allergenen den Patienten nicht dazu verpflichtet, in jeder Pollensaison tatsächlich zu erkranken. Der Hauttest weist lediglich nach, daß Antikörper gebildet wurden. Zu welchem Zeitpunkt eine Pollen-Allergie klinisch auftritt oder nicht, läßt sich aus diesem Test nicht sicher ablesen, nur durch die Ergänzung der Krankengeschichte kann eine Aussage gemacht werden. Die engsten Verbindungen zwischen Pollen- und Nahrungsmittel-Allergie aus dem pflanzlichen Bereich zeigt folgende Tabelle:

Tabelle 18 Verbindungen zwischen Pollen- und Nahrungsmittel-Allergien

Pollen-Allergene	häufig auftretende pflanzliche Nahrungsmittel-Allergene
Baumpollen	einige Früchte, Nüsse, verschiedene Kräuter und Gewürze, Sellerie

Pollen-Allergene	häufig auftretende pflanzliche Nahrungsmittel-Allergene
Gras- und Getreidepollen	diverse Getreidearten, Hülsenfrüchte, einige Gewürze, Paprika
Kräuterpollen	einige Gemüse, verschiedene Kräuter und Gewürze

Diese Querverbindungen zwischen Reaktionen auf Pollen und auf Allergene beim Verzehr von pflanzlichen Nahrungsmitteln nennt man Kreuzreaktionen. Sie erklären sich dadurch, daß der Pollen bestimmter Pflanzen gleichartige Allergene enthält wie die aus diesen Pflanzen hervorgehenden Nahrungsmittel. So wird verständlich, daß viele Patienten mit Haselnußpollen-Allergie auch Haselnüsse nicht vertragen, Patienten mit Gras- und Getreidepollen-Allergien allergisch werden können gegen Getreide und Patienten mit Kräuterpollen-Allergien gegen Kräuter und Gewürze sowie einige Gemüse reagieren können. Birkenpollen sind das stärkste Allergen bei Baumpollen-Allergikern; hier konnten kreuzreagierende Allergene von Äpfeln und Nüssen gefunden werden.

Für Patienten ist es aber auch äußerst wichtig, diejenigen Pflanzenfamilien zu kennen, zu denen ihre Allergene gehören, da zwischen den Pflanzen innerhalb der einzelnen Familien Kreuzreaktionen möglich sind. Man spricht hier von Gruppenallergien. Beispiele sind Getreide (Gramineae) wie auch Hülsenfrüchte (Leguminosen). Viele Patienten sind gegen alle Getreide innerhalb der Pflanzenfamilie Gramineae allergisch. Wenn auch gebackene Produkte (Brot, Kuchen, Plätzchen) krankmachend wirken, muß auf Getreidearten aus anderen Pflanzenfamilien ausgewichen werden (z.B. Buchweizen aus der Familie der Knöterichgewächse). Ähnlich sind die Verhältnisse bei Hülsenfrüchten. Bei einer Allergie gegen Linse, Erbse und Bohne kann gleichzeitig auch eine Allergie gegen Soja und Erdnuß vorliegen. Die Ursache liegt darin, daß die verschiedenen Getreide wie auch die verschiedenen Hülsenfrüchte teilweise gleichartige Allergene enthalten. Für wichtige Grundnahrungsmittel, für die so leicht kein Ersatz gefunden werden kann, beispielsweise Getreide, kann es erforderlich werden, alle bei uns käuflichen Getreide mittels Hauttest beim Arzt testen zu lassen. Häufig können die Patienten auf Reis, Hirse und Dinkel ausweichen, denn Allergien gegen diese drei Getreidearten sind bei uns selten, da diese Produkte kaum verzehrt werden. Wie eingangs erläutert, prägen die Ernährungsgewohnheiten die Allergiehäufigkeit für bestimmte Produkte. In Japan zum Beispiel sind

Reis-Allergien sehr häufig. Reis hat dort einen Stellenwert wie bei uns Roggen- und Weizenmehl.

Folgende Pflanzenfamilien sind für Pollen-Allergiker von besonderer Bedeutung:

- Birkengewächse (Betulaceae)
- Korbblütengewächse (Compositae)
- Süßgräser (Gramineae)
- Lippenblütengewächse (Labiatae)
- Hülsenfrüchte (Leguminosae)
- Rosengewächse (Rosaceae)
- Doldengewächse (Umbelliferae)
- im Einzelfalle auch andere Familien.

In diesen Pflanzenfamilien finden sich die häufigsten Allergene. Die Übersicht ab Seite 82 zeigt mit besonderer Markierung, welche Produkte die meisten allergischen Reaktionen auslösen. Es muß allerdings erwähnt werden, daß es auch immer Ausnahmen gibt. So wurden in seltenen Fällen Kürbisgewächse nicht vertragen (Cucurbitaceae), z.B. kommen dann allergische Reaktionen durch Melone vor, und in wenigen Fällen gibt es allergische Reaktionen auf Kreuzblütengewächse (Kohlgewächse – Cruciferae) etc.

Was müssen Sie bei der Ernährung beachten?

Der positive Hauttest beweist zunächst nur die Antikörperbildung, er ist also nicht als sichere Aussage für die spätere Verträglichkeit der Produkte zu werten. Darüber hinaus muß, wie schon mehrfach erwähnt, immer berücksichtigt werden, daß manche Nahrungsmittel grundsätzlich nie in roher Form verzehrt werden, so daß beispielsweise ein Hauttest mit roher Kartoffel (bei Baumpollen-Allergikern häufig) nichts aussagt über die Verträglichkeit einer gekochten Kartoffel. Gemüse sind sehr hitzelabil, was auch für fast alle Obstsorten zutrifft, so daß diese Nahrungsmittel in gekochter Form fast immer verträglich sind. Bei Baumpollen-Allergikern treten aber häufig beim Kartoffelschälen Juckreiz an den Händen, Fließschnupfen und Augentränen auf. Gleiches gilt für den Umgang mit anderen rohen Gemüsen etwa beim Gemüseputzen.

Nüsse hingegen (Haselnuß, Walnuß und Mandel) sind teilweise hitzestabil und können dann auch in Nußkuchen, Nußschokolade und Gebäck, aber auch in Nußmus und Brotaufstrichen immer noch allergische Reaktionen auslösen.

Von den Gemüsen respektive Gewürzen ist für Baumpollen- wie auch für Kräuterpollen-Allergiker der Sellerie als besonders starkes und aggressives Allergen zu nennen. Sellerie ist zum Teil hitzestabil und kann somit auch in gekochter Form in kleineren Mengen (zum Beispiel in Würzmischungen) allergische Reaktionen auslösen.

Für Gras- und Getreidepollen-Allergiker liegen die Verhältnisse ähnlich. Getreide, aber auch Hülsenfrüchte (hier insbesondere Soja und Erdnüsse) sind teilweise hitzestabil, so daß einige Patienten auch auf das erhitzte Produkt reagieren können. Sie sind allerdings in der Minderzahl. Auch an Malz (aus Gerste gewonnen) und an Paprika ist hier zu denken. Malz ist ein sehr starkes Allergen; es kann allergische Reaktionen auch nach Hitzeeinwirkung auslösen (zum Beispiel als Malzquellmehl in Brot, Kuchen und Gebäck, Malz in Bier, in Malzprodukten wie Ovomaltine, als Maltodextrin in Kakao und Kaffee u. a.).

Brot ist bei vielen Patienten trotz eines positiven Hauttests mit Getreiden verträglich. Roggen- und Weizenmehl-Allergien sind fast gleichermaßen häufig. Hier spielt die Backzeit eine Rolle: Weizenmehlprodukte haben eine kürzere Backzeit, so daß Allergene noch erhalten bleiben können (z. B. Brötchen, Baguette und Weißbrot). Hingegen wird Roggenmehl wesentlich länger gebacken, so daß trotz einer Roggenmehl-Allergie viele langgebackene Brote (z. B. Bauernbrot, Holzofenbrot) in der Regel verträglich sind.

Frischkräuter sind bei Kräuterpollen-Allergikern häufig Anlaß für allergische Reaktionen, während sie getrocknet schon wesentlich allergenschwächer sind. In vielen Fällen lösen sie, in geringen Mengen mitgekocht, kaum noch allergische Reaktionen aus. Ausnahmen gibt es jedoch immer.

Das Problem der Gewürz-Allergiker liegt darin, daß viele Fertigprodukte, wie Soßen, Suppen, Eintöpfe, Fertiggerichte u. a., Gewürzmischungen enthalten, die oft im einzelnen nicht ausreichend deklariert sind. Man findet auf der Zutatenliste in der Regel nur die Anmerkung »Gewürze« oder »Gewürzmischung«.

Aus Gründen, die noch nicht weiter untersucht sind, haben Patienten mit Baumpollen-Allergien überaus häufig eine Allergie gegen Kiwi aus der Familie der Strahlengriffelgewächse (Actinidiaceae), neuerdings kommt es auch häufig zu Bananen-Allergien (Bananengewächse – Musaceae). Speziell die Bananen-Allergie ist häufig mit einer Latex-Sofort-Allergie verbunden. Latex ist ein Naturstoff (findet Anwendung in der Gummiherstellung), der offenbar gleichartige Allergene enthält, wie sie auch in der Banane, in Avocados, eßbaren Feigen, Kiwi, Eßkastanien und Papayas vorkommen.

Weitere wichtige Informationen zu den Allergenen aus dem pflanzlichen Bereich finden Sie im Kapitel »Lebensmittelkunde aus allergologischer Sicht« ab Seite 71.

Welche Beschwerden verursacht die pollenassoziierte Nahrungsmittel-Allergie?

Das häufigste Symptom, meist durch rohe Früchte und Nüsse, aber auch durch Sellerie oder Frischkräuter ausgelöst, ist das sogenannte orale Allergie-Syndrom (OAS). Hier kommt es zu Juckreiz und Schwellungen im Mund- und Rachenbereich, gelegentlich auch Lippenschwellung, in einzelnen Fällen auch zu Bindehautreizungen (Konjunktivitis). In einigen wenigen Fällen (ca. 12 %) können sich die Symptome ausdehnen, es kommt zu Husten und Atemnot, Erstickungsanfällen, Bauchbeschwerden mit Übelkeit, Erbrechen und Durchfall, Nesselfieber und Quincke-Ödem. Auch eine Verschlechterung einer Neurodermitis ist hier möglich. Migräne und Kopfschmerzen sind durch rohe Früchte kaum beobachtet worden, bei Nüssen hingegen kann es zu Kopfschmerzen und Migräne kommen.

Untersuchungen des Wissenschaftlers Kremser an weit über 1 000 Birkenpollen-Allergikern haben gezeigt, daß bei über 90 % dieser Patienten ein Hauttest mit Apfel (Scratch-Test mit frischen Äpfeln) positive Hautreaktionen auslöst, wobei jedoch nur bei etwa 70 % klinische Reaktionen nach Verzehr von Äpfeln erfolgte. Die Verhältnisse bei Haselnüssen waren ähnlich: 12 % der hier untersuchten Patienten litten unter einem oder mehreren der außer der OAS aufgezählten Symptomen.

Latex-Allergien und assoziierte Nahrungsmittel-Allergie

Latex-Allergien sind durch die zunehmende Verwendung von gepuderten Einmalhandschuhen aus Naturlatex insbesondere bei Beschäftigten im Gesundheitswesen (Krankenschwestern, Krankenpfleger, Pflegehelfer, Ärzte u. a.) auf 10 bis 17 % gestiegen. Allerdings können auch Personen, die nicht im medizinischen Bereich tätig sind, Latex-Allergien erwerben. Ursächlich verantwortlich ist ein Eiweiß, das aus der Milch des tropischen Gummibaumes stammt und in unterschiedlichen Konzentrationen vorrangig in Latex-Einmalhandschuhen vorkommt. Aufgenommen wird das Latex-Allergen über die Haut, aber auch über die Atemwege. Es kann daher allergische Reaktionen der Haut, aber auch Husten, Schnupfen und Atemnot auslösen. Insbesondere die gepuderten Handschuhe sind besonders stark allergieauslösend, da der Puder durch das Aus- und Anziehen in der Luft Latexpartikel auf den Weg bringt, die dann inhaliert werden. Neben Schnupfen, Husten und Atemnot kann es auch zu Bindehautentzündungen kommen.

Symptome bei einer Latex-Allergie

- Juckreiz, Rötung und Quaddeln an der Haut im Kontaktbereich der Handschuhe
- Ausbreitung der Quaddeln auf den Körper, Schwellung von Augenlidern und Lippen
- Augenbrennen und Bindehautentzündung, Niesreiz, Nasenlaufen, Husten und Erstickungsanfälle
- bei sehr starker Sensibilisierung anaphylaktischer Schock

Besonders gefährdet sind Patienten mit häufigem Latexkontakt (Medizinberufe), Personen mit Heuschnupfen, allergischem Asthma oder Neurodermitis, insbesondere diejenigen, die an Baumpollen-Allergien leiden. Es besteht eine Kreuzverwandtschaft zwischen Birkenpollen und Latex-Allergenen. Besonders gefährdet sind auch Menschen mit Handekzemen sowie mehrfach operierte Personen, die durch medizinische Eingriffe öfter Latexkontakt hatten. Bei Latex-Allergikern ist bei der medizinischen Betreuung auch an Blasenkatheter, an Beatmungsschläuche u.v.a.m. zu denken.

Jeder Patient, der an einer Latex-Soforttyp-Allergie leidet, muß dies bei medizinischen Behandlungen unbedingt dem Arzt sagen. Er sollte sich auch beim behandelnden Arzt einen Allergiepaß ausstellen lassen, so daß, auch wenn der Patient z.B. ohnmächtig ist, der Arzt auf latexfreie Materialien zurückgreifen kann. Dies ist insbesondere bei Zahnärzten, Urologen, Gynäkologen und Chirurgen von Bedeutung. Als Ausweichmöglichkeiten gibt es Kunstgummi-Handschuhe und Kunststoff-Handschuhe.

Tabelle 19 Alternativhandschuhe bei bestehender Latex-Allergie

Kunstgummihandschuhe	Kunststoffhandschuhe
Styren-Ethylen-Butadien (Tactylon)	Polyethylen (PE)-Folienhandschuhe
Styren-Butadien Kautschuk	Polyethylen (PE)-Copolymer-Handschuhe
Polychloropren (Neoprene)	Polyvinylchlorid (Vinyl, PVC)-Handschuhe
Nitril-Kautschuk	
sonstige Materialien	

Personen, die an einer Latex- und/oder Birkenpollen-Allergie leiden, erkranken überaus häufig an allergischen Reaktionen durch Kiwi, Avocado, Banane, Eßkastanie und Papaya. Besteht gleichzeitig eine Birkenpollen-Allergie, so können Unverträglichkeiten gegen alle anderen Früchte, wie sie bei Baumpollen-Allergien üblich sind, auftreten. Auch Nuß- und Sellerie-Allergien kommen dann häufig hinzu.

Mitunter kommt es zunächst zu allergischen Reaktionen durch Kiwi, Avocado, Bananen, Papaya oder Eßkastanien, bevor die Latex-Allergie auffällt. In diesen Fällen empfiehlt sich ein Allergietest zur Klärung, ob eine bislang nicht aufgefallene Latex-Allergie besteht oder nicht. Die Testung kann in der Regel über Laboruntersuchungen erfolgen (IgE-Antikörper), auch über Hauttests.

Die so weit verbreitete Pflanze des Ficus benjamini (und Unterarten) lösen zunehmend allergische Reaktionen der Haut durch den Kontakt mit dem Milchsaft aus. Auch allergische Reaktionen der Atemwege und der Bindehäute können durch die sich im Staub verteilenden Allergene des Ficus benjamini ausgelöst werden. Diese Patienten können allergisch auf den Genuß von Feigen reagieren. Auch hier besteht offenbar eine Kreuzverwandtschaft zwischen Ficus benjamini und Birkenpollen.

Tabelle 20 zeigt, bei welchen anderen Allergenen bei Menschen, die gegen Birkenpollen, Latex und Ficus-benjamini allergisch sind, zu Reaktionen kommen kann.

Tabelle 20 Häufige Allergene bei Birkenpollen, Latex und Ficus-benjamini-Allergie

Birkenpollen	Latex	Ficus benjamini
Obst	Kiwi	Feigen
Nüsse	Avocado	
Sellerie	Banane	
u.a.	Eßkastanie	
	Papaya	

In diesem Zusammenhang soll noch erwähnt werden, daß auch verschiedene Artikel des Alltags Latex enthalten können, beispielsweise Kondome und Luftballons (sollte man bei Latex-Allergie nicht aufblasen). Briefmarken können eine Latexgummischicht enthalten (sie dürfen nicht abgeleckt werden), auch Radiergummi können latexhaltig sein; an ihnen sollte man möglichst nicht kauen. Schwimm- und Taucheranzüge, Gummischuhe zum Baden wie auch normale Haushaltshandschuhe zum Putzen können Latex enthalten. Leider sind viele Artikel des alltäglichen Lebens nicht entsprechend deklariert.

Nickel in Nahrungsmitteln

Bei der Nickel-Allergie handelt es sich um eine Kontaktallergie der Haut durch Nickelsulfat. Die Zunahme dieser Allergien, insbesondere bei Frauen, können einerseits durch das zu frühe Stechen eines Ohrlochs (Eindringen von Nickelpartikeln in früher Sensibilisierungsphase) wie auch durch das häufige Tragen von nickelhaltigem Modeschmuck verursacht werden.

Nickelverbindungen, allerdings andere als die der Modeschmuck-Allergie, kommen aber auch in Lebensmitteln vor; sie stammen aus dem Boden. Völlig fälschlicherweise wird immer noch angenommen, obwohl die Verdachtsmomente weitestgehend wiederlegt sind, daß Nickelverbindungen in Nahrungsmitteln Hautekzeme auslösen können. In vielen Untersuchungen wurde zu klären versucht, inwieweit sich insbesondere bei Patienten mit Ganzkörperausschlägen ungeklärter Ursache oder bei Neurodermitis und nachweislicher Nickel-Kontaktallergie, diese Haut durch eine nickelarme oder nickelfreie Diät bessern lassen. Dabei konnte gezeigt werden, daß keine wesentliche Besserung zu erzielen ist, wenn über einen längeren Zeitraum eine sogenannte nickelarme Diät eingehalten wird. In der Regel ist sie also zwecklos. Der Grund liegt darin, daß die Nickelverbindung, die aus dem Boden auf Nahrungsmittel übertragen wird, eine völlig andere ist als jene, die eine Nickel-Kontaktallergie auslöst. Einen hohen Nickelgehalt haben Kakao, Schokolade, Sojabohnen, Haferflocken, Nüsse, Mandeln und Hülsenfrüchte. Ebenso wurde versucht, über nickelhaltige Mahlzeiten zu klären, ob sich ein Ekzemschub auslösen läßt. Nach dieser »Probemahlzeit« wurde der Nickelgehalt im Blut gemessen: Obwohl dieser vorübergehend erhöht war, ließen sich auf diese Weise keine Hautbeschwerden auslösen.

Die nickelfreie oder -arme Diät ist auch deswegen nicht zu empfehlen, weil hier wesentliche Grundnahrungsmittel aus dem Speiseplan entfallen. Dies ist insbesondere bei Kindern zu berücksichtigen, die bei Neurodermitis in der Regel völlig unsinnigerweise eine nickelfreie Diät verzehren müssen. Hält sich der Verdacht hartnäckig, daß Nickel in Lebensmitteln eine Bedeutung für die Beschwerden hat, so könnte man evtl. noch eine dreiwöchige konsequente nickelfreie Diät vertreten. Auch diese Probediät sollte nicht auf eigene Faust, sondern immer vom allergologisch erfahrenen Facharzt durchgeführt werden. Verschwindet das Ekzem nicht, kann dieser Diätversuch aufgegeben werden. Auch Lebensqualität und die Sicherung der Zufuhr aller lebensnotwendigen

Nährstoffe muß bei allergischen Erkrankungen gegen den Sinn oder Unsinn einer Diät abgewogen werden.

Welche Rolle spielt Nickel in Kochgeschirr und in Dosen?

Das moderne Kochgeschirr aus Edelstahl gibt im Gegensatz zu den früher gebräuchlichen Töpfen kein Nickel in nennenswerter Menge ab. Es wird derzeit lediglich noch empfohlen, keine sauren Speisen in solchem Kochgeschirr zuzubereiten. Die Problematik des Nickels aus Metallen hat sich längst bis zu den Herstellern durchgesprochen, die stetig für Verbesserungen sorgen. Problematischer ist ein Eßbesteck aus Stahl, auch aus Silber. Bei einer Nickel-Kontaktallergie könnte es also sinnvoll sein, auf Edelstahlbesteck umzusteigen.

Hartnäckig hält sich auch die Vorstellung, daß unsere Dosen aus Metall wesentliche Nickelmengen abgeben. Nach neueren Untersuchungen spielt hier die Nickelaufnahme keine relevante Rolle. Der gänzliche Verzicht auf Dosenware ist daher unsinnig. Weißblechdosen aus weichem, unlegiertem Stahl enthalten einen Überzug aus Zinn, das einen hohen Reinheitsgrad haben muß. Meist erfolgt dann noch eine Zusatzlackierung mit Epoxidharzkombinationen. Es konnte gezeigt werden, daß Lebensmittel vor und nach der Dosenabfüllung den gleichen Nickelgehalt haben. Bei Glasware ist es möglich, daß sich Nickel aus entsprechenden Lebensmitteln an der Glaswand niederschlagen kann.

Noch nicht ausreichend untersucht ist die Auswirkung von Nickel im Trinkwasser. Steht Trinkwasser über Nacht lange in der Leitung, ist der Nickelgehalt am Morgen sehr hoch. Nach 8 Stunden kann er bei 500 Mikrogramm pro Liter liegen. Es wird daher empfohlen, schon zum Zähneputzen das Wasser wenige Minuten ablaufen zu lassen. Die Trinkwasser-Verordnung in Deutschland gibt vor, daß der Nickelgehalt nicht höher als 50 Mikrogramm sein darf.

In Mineralwässern kann das Nickel angereichert sein. Die evtl. krankheitsauslösenden Folgen sind allerdings bislang nicht untersucht worden. Klinische Reaktionen sind in der Literatur nicht beschrieben.

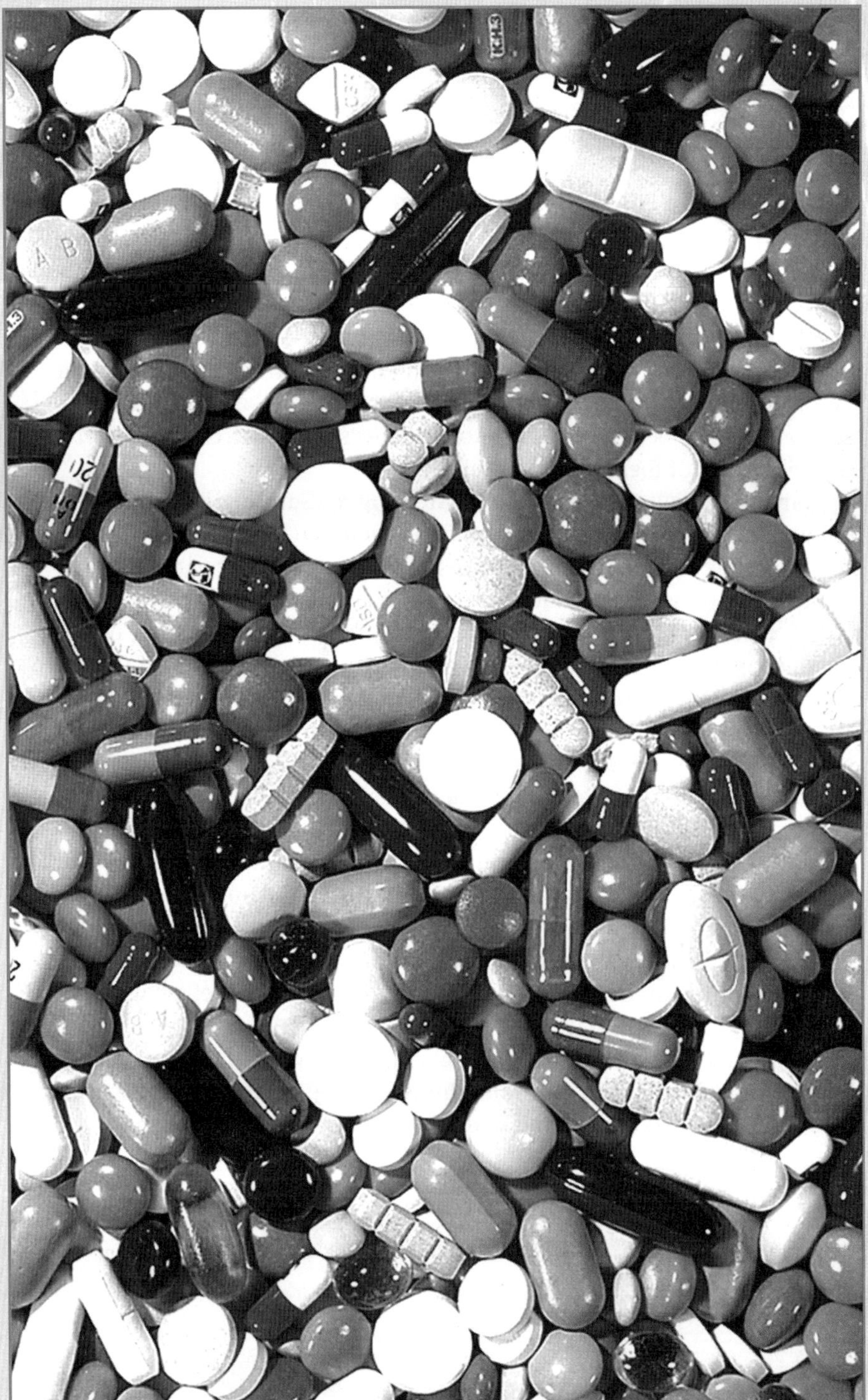

Allergien und Intoleranzen gegen Medikamente

Obwohl das Thema dieses Buches nicht Medikamenten-Allergien sind, ist es dennoch wichtig, einige Medikamente aufzuzählen, durch die allergische wie auch nichtallergische (Intoleranz-)Reaktionen ausgelöst werden können. Bei einem Verdacht auf Nahrungsmittel-Allergien müssen auch immer die eingenommenen Medikamente vom Arzt erfragt werden, da auch sie prinzipiell für Beschwerden verantwortlich sein können.

Unverträglichkeitsreaktionen durch Medikamente sind nicht grundsätzlich an den Allergiestatus gebunden. Auch Nichtallergiker können in der einen oder anderen Weise auf Medikamente reagieren. Vorhersehbar sind allergische wie auch pseudo-allergische Reaktionen durch Medikamente in der Regel nicht.

Müssen z.B. bei chronischem Schnupfen, Asthma, Nesselfieber, Quincke-Ödeme oder anaphylaktischen Schockreaktionen Medikamente eingenommen werden, so kann der Arzt ggf. nach Rücksprache Medikamente einsetzen, von denen in diesem Zusammenhang weniger Nebenreaktionen zu erwarten sind.

Insgesamt sind Medikamenten-Allergien aber nicht sehr häufig, wenn man berücksichtigt, wie viele Medikamente eingenommen werden und wie häufig sie gut vertragen werden. Nicht gemeint sind in diesem Zusammenhang Nebenwirkungen, die medikamentenspezifisch sind und somit bei jedem Patienten auftreten könnten. Sie werden im Beipackzettel gekennzeichnet.

Im nachfolgenden werden einige Medikamentengruppen aufgezählt, bei denen allergische oder pseudo-allergische Reaktionen bekannt sind und etwas häufiger als bei anderen Medikamenten auftreten.

Reaktionen durch Medikamente

- **Antibiotika:** Fast alle Antibiotika können rein theoretisch allergische oder auch ggf. pseudo-allergische Reaktionen auslösen. Penicillin zählt zu den häufigsten Antibiotika wie auch die kreuzverwandten Cefalosporine. Bei Allergikern könnte man also auf ein anderes Mittel aus der breiten Angebotspalette der Antibiotika zurückgreifen.
  Gebrauchen Sie nicht das Wort »Penicillin«, wenn Sie nicht genau wissen, ob das Antibiotikum, welches eine allergische Reaktion verursacht hat, auch wirklich Penicillin war. Penicillin ist das allererste

Antibiotikum gewesen, und fälschlicherweise wird der Name oft stellvertretend für alle Antibiotika verwendet. Mittlerweile gibt es hunderte von Antibiotika, die andere Grundwirkstoffe enthalten. Verleiten Sie Ihren Arzt durch den unbedachten Begriff »Penicillin-Allergie« dazu zu glauben, daß Sie tatsächlich gegen Penicillin allergisch sind, so könnte es passieren, daß Sie ein anderes Antibiotikum bekommen und auf dieses reagieren, weil Sie keine Penicillin-Allergie haben, sondern schon früher auf das Antibiotikum reagiert haben, welches Sie jetzt wieder erhalten. Lassen Sie sich immer den Namen des Antibiotikums aufschreiben, das sie nicht vertragen haben.

- **Lokalanästhetika (Betäubungsmittel):** Betäubungsmittel vom Typ Novocain oder Procain sind diejenigen, bei denen häufiger allergische oder pseudo-allergische Reaktionen zu erwarten sind im Gegensatz zu den sogenannten Amid-Lokalanästhetika. Letztere sind daher bei Allergikern zunächst zu bevorzugen. In Betäubungsmitteln beim Zahnarzt wird häufig Adrenalin eingesetzt, was zu einer Verminderung der Blutung und daher zu einer besseren Sicht führt. Adrenalin kann Herzklopfen und Kreislaufstörungen auslösen, was aber nicht allergisch bedingt ist. Bei Lokalanästhetika werden Schwefelverbindungen in Injektionslösungen (Sulfite) eingesetzt. Es gibt sie aber auch ohne Sulfit.
- **Jodhaltige Kontrastmittel:** Jodhaltige Kontrastmittel können pseudo-allergische Reaktionen auslösen; jeder Schweregrad ist möglich. In der Regel kommt es zu Nesselsucht, Quincke-Ödemen aber auch anaphylaktoiden Schockreaktionen. Die modernen Jod-Kontrastmittel enthalten das Jod in einer bestimmten Form, in der es weniger Nebenreaktionen auslöst. Mitunter kann es auch bei Patienten mit Jod-Kontrastmittel-Allergie lebensnotwendig werden, solche Kontrastmitteluntersuchungen durchzuführen. Dann wird zuvor eine Allergie-Schutztherapie durchgeführt (in hohen Dosen wird intravenös Cortison und Antihistaminika gespritzt). Vor einer solchen Maßnahme muß die Notwendigkeit der Kontrastmittelgabe in der Regel sehr sorgfältig überlegt werden. Eine Jod-Salz-Allergie gibt es nicht!
- **Schmerzmittel:** Das häufigste Schmerzmittel, welches pseudo-allergische Reaktionen auslöst, ist die Acetylsalicylsäure (Aspirin®) und einige andere Medikamente. Es kann zu Nesselfieber, Schnupfen, Asthma, Qincke-Ödemen und anaphylaktoidem Schock kommen. In zweiter Linie sind Schmerzmittel vom Novalgin-Typ zu nennen, die zu den gleichen Symptomen führen können. Aspirin® sollte bei Asthma-Patienten möglichst nicht gegeben werden, insbesondere dann nicht, wenn ein Aspirin®-Asthma bereits bekannt ist. Bei Urtikaria und Quincke-Ödemen sollte es ebenfalls vermieden werden.

- **Rheumamittel:** Einige Rheumamittel können ebenfalls Urtikaria, Quincke-Ödeme, Asthma und einen anaphylaktoiden Schock hervorrufen. Sie zählen zu den nichtsteroidalen Antirheumatika. Mit diesem Begriff kann der Arzt in der Regel etwas anfangen.
- **Sulfonamide:** Sulfonamide werden gerne bei Harnwegsinfekten als Antibiotikum eingesetzt; sie können ebenfalls allergische wie auch pseudo-allergische Reaktionen und in seltenen Fällen auch eine besondere Art der allergischen Erkrankung der Lunge (Alveolitis) auslösen. Sulfonamide zeigen eine Kreuzverwandtschaft zu Betäubungsmitteln vom Procain- und Novocain-Typ.
- **Blutersatzmittel:** Blutersatzmittel (Blutvolumenersatz bei Blutverlust) können in Einzelfällen ebenfalls zu allergischen respektive pseudo-allergischen Reaktionen führen. Dies ist aber sehr selten.
- **Gerinnungshemmende Medikamente:** Nach Operationen oder auch bei Patienten mit Venen- oder Herzleiden werden häufig heparinhaltige Medikamente als Blutverdünnungsmittel gegeben. In Einzelfällen kann es zu allergischen Reaktionen kommen.
- **Vitamine:** Vitamine als Medikamente können in Einzelfällen allergische Reaktionen hervorrufen. Hier sind insbesondere die B-Vitamine zu nennen. Vitamine, die aus Nahrungsmitteln aufgenommen werden, führen niemals zu allergischen Reaktionen.
- **Schwefelverbindungen:** Schwefelzusätze sind in Medikamentenlösungen häufig. Leider finden sie sich auch gelegentlich in Notfallmedikamenten (Cortison-Spritzen) oder auch in anderen Injektionslösungen und Infusionen. Bei bekannter Sulfit-Intoleranz muß man den Arzt auch daran erinnern.
- **Formaldehyd:** Formaldehyd wird in einigen Impfstoffen eingesetzt, aber auch gelegentlich in anderen Medikamenten. Formaldehyd-Allergien sind selten. Ist eine Formalin-Allergie bekannt, sollte darauf verzichtet werden.
- **Narkosemittel:** Zur Einleitung einer Narkose werden gelegentlich Barbiturate, kurzfristig wirkende Schlafmittel, gegeben. Barbitursäure und Abkömmlinge setzen Histamin im Gewebe frei und sollten daher bei Allergikern vermieden werden; es gibt genügend Ersatz. Auch Schlaftabletten enthalten gelegentlich Barbitursäure.
- **Hustenblocker:** Der bekannteste Hustenblocker, der gelegentlich nicht vertragen wird, ist das Codein. Codein setzt ebenfalls Histamin im Gewebe frei und sollte daher möglichst bei Patienten mit Asthma, Urtikaria oder Quincke-Ödemen vermieden werden. Hustenblocker wie Codein werden bei Asthma auch deshalb heute nicht mehr empfohlen, da sie die Schleimlösung, das Abhusten von Schleim, verhin-

dern. Es gibt viele schleimlösende Medikamente, die für alle Allergiker unproblematisch sind und kein Codein enthalten.

- **Herz- und Blutdruckmittel:** Bei Herzproblemen (z.B. bei leichten Rhythmusstörungen) oder bei leicht erhöhtem Blutdruck werden sehr häufig die gut wirksamen Beta-Blocker gegeben. Sie sind mit vielfältigen Handelsnamen im Verkauf. Beta-Blocker dürfen nicht von Asthma-Patienten eingenommen werden, da sie die Reizbarkeit des Bronchialsystems erhöhen und Husten und Asthma auslösen können. Es gibt Ausweichmöglichkeiten. Beta-Blocker dürfen auch nicht während einer sogenannten Hyposensibilisierungsbehandlung (z.B. bei Pollen-Allergie) gegeben werden, da sie die Rate der Nebenwirkungen (allergische Reaktionen durch die Desensibilisierung) steigern können. Auch bei immer wiederkehrenden ungeklärten allergischen Reaktionen sollte man auf andere Medikamente ausweichen, da sie die Allergie- und Schockbereitschaft erhöhen können.
  Medikamente gegen Bluthochdruck können in Einzelfällen zu chronischer Urtikaria oder Quincke-Ödemen führen; es handelt sich hier aber nicht um eine allergische, sondern um eine pseudo-allergische Reaktion mit sehr kompliziertem Mechanismus. Zu nennen sind ACE-Hemmer. Die wenigsten Reaktionen finden sich bei den Kalzium-Antagonisten. Welches Mittel erforderlich ist und ob es ausgetauscht werden kann, kann nur der Arzt entscheiden.
- **Tierische Organextrakte:** Insulin von Schwein oder Rind kann im Einzelfall bei Rind-, Schweinefleisch- und Tier-Allergikern ein Problem werden. Die Häufigkeit hat aber abgenommen, da überwiegend nur noch Human-Insulin verabreicht wird.
  Frischzellen-Therapien können tödlich enden, auch wenn nur einzelne Fälle berichtet wurden. Sie sollten bei Allergikern überhaupt nicht eingesetzt werden. Der positive Effekt ist wissenschaftlich nicht abgesichert.
- **Enzympräparate:** Für Rheuma und vielfältige andere Indikationen werden in jüngster Zeit, ohne daß deren Wirkung wissenschaftlich abgesichert wäre, Enzympräparate angepriesen. Sie enthalten Enzyme, die hochgradige allergische Reaktionen auslösen können, auch wenn dies nicht häufig vorkommt. Zu nennen ist Papain aus der Papaya und Bromelain aus der Ananas.
- **Chymopapain:** Chymopapain wird gelegentlich zur Auflösung von Bandscheiben in diese hineingespritzt. Allergische Reaktionen und auch schwer bedrohliche Reaktionen sind in der Literatur bekannt. Chymopapain ist kreuzverwandt zum Papain aus Papaya.

Viele Patienten vergessen die Medikamentennamen oder werfen die Beipackzettel weg, so daß sie sich später nicht mehr erinnern, welche Medikamente sie früher einmal nicht vertragen haben. In der Regel haben sie auch vergessen, in welchem zeitlichen Zusammenhang mit der Medikamentengabe eine allergische oder pseudo-allergische Reaktion aufgetreten ist oder vermutet wurde. Jedem Patienten kann man daher nur raten, den Namen von Medikamenten, die sie nicht vertragen haben, aufzuschreiben, besser noch, den Beipackzettel aufzuheben. Mitunter bekommen Patienten ein Medikament und wissen dann überhaupt nicht, wofür es gegeben wurde, was zu welchem Zeitpunkt geschehen ist. Fragen Sie grundsätzlich Ihren Arzt nach dem Namen des Medikamentes, das Sie nicht vertragen haben. Liegen solche Reaktionen länger zurück, so kann nur der Beipackzettel weiterhelfen, da sich die Medikamentenzusammensetzung immer wieder verändert. Der Arzt kann also heute in der »Roten Liste«, dem Verzeichnis aller Medikamente, nicht immer nachschlagen, welche Beistoffe das Medikament enthielt. Jedoch sind es in der Regel die Hauptwirksubstanzen, die zu allergischen oder pseudo-allergischen Reaktionen führen, und nicht die zusätzlichen Beistoffe (z.B. Farbstoffe).

Auch Mischpräparate sollten Allergiker in der Regel nicht einnehmen, da im Falle einer allergischen oder pseudo-allergischen Reaktion nur spekuliert werden kann, welche der Komponenten ursächlich war. Bei Allergien kann man bei einigen Medikamenten Hauttests machen, bei manchen Medikamenten, die pseudo-allergische Reaktionen auslösen, steht kein Allergietest zur Verfügung. Schon aus diesem Grunde ist es wichtig, unverträgliche Medikamente per Namen aufzuschreiben und besser noch den Beipackzettel immer zu verwahren.

Es gibt über 70 000 Medikamente bei uns auf dem Markt. Um so wichtiger wäre es, daß jeder Patient gut über seine Präparate Buch führt.

Allergien durch Naturheilmittel

Aber nicht nur Arzneien können pseudo-allergische Reaktionen auslösen, sondern gerade Naturheilmittel können für »richtige« Allergien verantwortlich sein.

Nicht zu unterschätzen ist, daß neben der Aufnahme als Nahrungsmittel nicht wenige Medikamente auch Auszüge aus Pflanzen oder gar diese selbst in ganzer Form enthalten. Auch die Anwendung von Salben und Tinkturen über die Haut ebenso wie Mundpflegemittel müssen hier berücksichtigt werden. Viele »Naturheilmedikamente« sind nicht rezeptpflichtig; sie können vielfältige Allergene enthalten, die auch potentielle Nahrungsmittel sind.

Zu erwähnen sind insbesondere pflanzliche Medikamente und Naturheilmittel für die Behandlung von Atemwegserkrankungen (Hustensäfte, Schleimlöser, Inhalationspräparate, Salben zum Einreiben der Brust bei Bronchitis), Medikamente für Magen-Darm-Störungen, Leber-, Nieren- und Blasenleiden, Verdauungsstörungen, Verstopfung und Durchfälle. Gerade Allergiker sind durch den Einsatz pflanzlicher Medikamente besonders gefährdet, die die Bevölkerung heute gegenüber den chemischen Medikamenten bevorzugt. Hunderte solcher potentiell allergener Medikamente sind in vielfältigen Darreichungsformen auf dem Markt. Auch hier sei nochmal darauf verwiesen, daß allergische Reaktionen in der Regel durch Naturstoffe ausgelöst werden und wesentlich seltener durch chemische Allergene. Die Zutatenliste der Medikamente gibt über die Inhaltsstoffe Aufschluß; leider sind viele Namen in Lateinisch und daher für den Patienten hinsichtlich der Herkunft nicht immer erkennbar.

Speziell in Bronchitismitteln und Asthmamitteln werden gerne wäßrige Pflanzenauszüge und ätherische Öle wie Anisbestandteile und andere Pflanzenauszüge eingesetzt, bei denen allergische Reaktionen nicht selten vorkommen. Auch in der Homöopathie gibt es einige Stoffe, die allergologisch auch in Verdünnung nicht gerne gesehen werden: Histamin, ein Bienengiftprodukt wie Melittin, Aspergillusextrakt und Lykopodium (zwei Schimmelpilze). Mögliche Allergene in Abführmitteln sind Kamille, Kümmel, Anis, Feigen, Faulbaumrinde, Tamarinde, Aloe- und Sennesblätter, aber auch Joghurtkonzentrat oder Rindergallenextrakte können eine Rolle spielen.

Zahlreiche Blutreinigungs- und Gesundheitstees enthalten Holunderblüten und -blatt, Birkenblätter, Zimt, Hagebutte, Faulbeere, Goldrute, Pfefferminz, Liebstöckel, Koriander und Kümmel, Brennessel, Bohnenextrakte, Rhizinus, Aloe, Leinsamen, Fenchel, Menthol, Kurcuma, Sennesschoten und -blätter, Früchtekonzentrate, Knoblauch, Zwiebel, Wacholder und Senf. Natürlich kommen hier auch Konservierungsstoffe vor.

In jüngster Zeit werden Enzyme beispielsweise für Rheuma (z.B. Wobenzym) angeboten. Die Wirksamkeit ist in keinster Weise untersucht oder bewiesen. Die Pflanzenenzyme, die hier eingesetzt werden (Papain aus der Papaya, Bromelain aus der Ananas), sind sehr starke Allergene.

Auch im Rahmen der Hals-Nasen-Ohren-Heilkunde sind viele Medikamente potentielle Allergene bei Pollen-Allergikern. Die meisten stammen aus den sogenannten Heilpflanzen.

Für die Krebstherapie wird Mistelextrakt empfohlen, auch dieses kann ein Allergen sein.

Bedenkenswert sind im Einzelfalle auch Knoblauch- und Hefepillen sowie Petersiliendragees. Der Hustenblocker Codein kann gelegentlich Asthma und Nesselfieber auslösen. Es setzt Histamin frei, es ist kein Allergen.

Tabelle 21 Pflanzenauszüge, die in Kosmetika vorkommen (Beispiele), und ihre möglichen Reaktionen an der Haut

Name der Pflanze	mögliche Reaktionen an der Haut
Schafgarbe (Achillea millefolium)	allergische Dermatitis (Ekzem)
Engelwurz (Angelica officinalis)	Kontaktallergie (ätherische Öle) Phototoxische Dermatitis ist möglich
Dill (Anethum graveolens)	Kontaktallergie (ätherische Öle) Phytophotodermatitis
Arnika (Arnica montana)	allergische Dermatitis (auslösende Substanz: Sesquiterpen lactone)
Ringelblume (Calendula officinalis)	Dermatitis
Mohrrübe (Daucus carota)	Hautreizungen und allergische Dermatitis, Kontakturtikaria, Phototoxizität sind möglich
Zaubernuß (Hamamelis virginiana)	allergische Kontaktdermatitis
Pfefferminze (Mentha piperita)	Kontaktallergie (ätherische Öle in Parfums)
Petersilie (Petroselinum sativum)	Hautreizungen und allergische Dermatitis, Kontaktallergie (ätherische Öle)
Anis (Pimpinella anisum)	Urtikaria (Nesselfieber) Hautreizungen und allergische Reaktionen (Anethol aus Anis)
Rosmarin (Rosmarinus officinalis)	allergische Dermatitis (Rosmarinöl), Photosensitivität
Gartenraute (Ruta graveolens)	Photodermatitis allergische Dermatitis ist möglich
Rotklee (Trifolium pratense)	Urtikaria (Nesselfieber)
Mistel (Viscum album)	Hautreizungen
Ingwer (Zingiber officinalis)	ätherische Öle hautreizend und allergisierend; geringgradig phototoxisch

Ein Teil dieser Pflanzen ist auch zum Verzehr geeignet. Wenn es zu einer Kontaktreaktion an der Haut kommt, muß es bei Verzehr nicht unbedingt zu Reaktionen kommen.

Allergien durch Kosmetik und Körperpflegeprodukte

Seit altersher werden Pflanzen aus Erfahrung in der Kosmetik eingesetzt; in jüngster Zeit eher mehr als weniger; der Biofreund ist auch hier nicht zu übersehen. Dem »Zeitgeist« folgend werden von der Bevölkerung pflanzliche Inhaltsstoffe in Kosmetik als »natürlich« und damit als »nebenwirkungsfrei« angesehen. Es mehren sich auch Vorschläge zur Selbstherstellung von Körperpflegemitteln aus dem eigenen Kräutergarten. Eine Vielzahl von Pflanzen kann durch Hautkontakt allergische Reaktionen auslösen, wie Tabelle 21 zeigte. Allein in Kopfwaschmitteln finden sich Auszüge von Äpfeln, Walnüssen, Roßkastanie, Honig und Weizen, Weizenkleie, Kamilleblüten, Wiesenkräuter, Hühnerei und vieles andere mehr. Das Auftragen solcher Allergene auf die Haut kann nicht nur an der Haut selbst, sondern auch an anderen Organsystemen allergische Reaktionen auslösen (im Einzelfalle auch Husten und Atembeschwerden, Nesselfieber, Schnupfen). Gleiches gilt für Salben und Cremes.

Das Hauptproblem von Körperpflegeprodukten und Kosmetik liegt in der Zunahme von Kontaktallergien durch klassische, bekannte Kontaktallergene. Es ist eine altbekannte Tatsache, daß die Haut besonders gerne Allergene aufnimmt und den Gesamtorganismus sensibilisiert. Aus diesem Grunde ist dem Aspekt der Körperpflege und Kosmetik durchaus eine wesentliche Bedeutung für die Zunahme bestimmter allergischer Reaktionen zuzuschreiben.

Bei Kindern muß auch darauf geachtet werden, daß die Körperpflegemittel keine Kuhmilchproteine enthalten. Die meisten Hersteller wissen um dieses Problem, es gibt aber noch Kinderpuder auf dem Markt, die Kuhmilchproteine enthalten. Es ist auch immer noch eine gängige Praxis, Molkebäder für Ekzemkinder anzubieten. Auch Soja-Bestandteile finden sich in Bädern für Ekzemkranke. Auch Hühnerei kommt in Pflegeprodukten vor.

Die Tabelle 21 auf der letzten Seite nannte einige Pflanzenauszüge in Kosmetika und Körperpflegeprodukten sowie ihre möglichen Reaktionen an der Haut.

Heute muß zum Glück niemand auf Pflegeprodukte mit natürlichen Inhaltsstoffen zurückgreifen, denn es gibt genügend Ausweichmöglichkeiten. Einige Firmen bieten sogenannte allergenreduzierte Produkte an. Für Körperpflege und Kosmetik bieten sich die Firma Roc und die Firma

Clinique (früher Linique) wie auch die in der Apotheke erhältlichen Körperpflegemittel der Firma Roche-Posay an. Vollständig allergenfrei können sie jedoch nicht sein, da jedes Produkt einige Inhaltsstoffe braucht. Das Ziel dieser Hersteller ist es jedoch, die bekanntesten und häufigsten Allergene aus diesen Produkten fernzuhalten und sich auf ein Minimum des Notwendigen zu beschränken. Es ist kaum verständlich, warum ein Shampoo 30 Zutaten braucht, um seinen Zweck zu erfüllen.

Der Allergiker, speziell wenn er Hautprobleme hat, sollte sich auf den eigentlichen Zweck eines Körperpflegeproduktes beschränken. Alles, was darüber hinaus enthalten ist, kostet eigentlich nur Geld und beinhaltet das Risiko zunehmender allergischer Reaktionen. Nahrungsmittel und Bestandteile haben bei Allergikern in der Körperpflege und Kosmetik nichts zu suchen. Weniger ist hier mehr!

In diesem Zusammenhang müssen auch die Duftöle erwähnt werden, deren Verbreitung in Innenräumen für Allergiker denkbar ungünstig ist. Auch Saunabesuche, die gerade bei Allergikern mit Atmungsbeschwerden durchaus wünschenswert sind, können zum Problem werden, wenn Aufgüsse mit ätherischen Ölen gemacht werden. Eine besondere Heilwirkung durch die Inhalation ätherischer Öle ist speziell bei Allergikern nicht zu erwarten. Ein Aufguß mit Wasser genügt in der Regel.

Auch Allergien gegen pflanzliche Duftstoffe sind auf dem Vormarsch. Das Repertoire der Produkte ist unendlich, allein für Damen sind über 600 Parfüms auf dem Markt. Das Problem liegt hier ganz wesentlich in der mangelnden Deklarationspflicht. Früher wurden die verschiedenen Geruchsklassen mehr durch Blumennoten bestimmt, seit den 70er Jahren finden wir zunehmend Auszüge von Kräutern und Gewürzen in Parfüms und Duftwässern. Die folgende Zusammenstellung zeigt einen Auszug von Kopf-, Herz- und Basisnoten von Damenparfüms; die Liste spricht für sich. Nur zu einem geringen Teil handelt es sich hier um naturidentische oder synthetische Stoffe. Je teurer das Parfüm, um so mehr natürliche Ausgangsstoffe sind zu erwarten.

Pflanzenauszüge in Parfüms und Duftwässern

Mit folgenden Pflanzenauszügen werden verschiedene Geruchsklassen erzeugt

Geruchsklasse »frisch«: Menthol, Zitrus, Eukalyptus, Anis
Geruchsklasse »grün«: gemähtes Gras, Salatgurke, Schnittbohne
Geruchsklasse »krautig«: Kamille, Beifuß, Salbei
Geruchsklasse »lavendelartig«: Lavendel, Rosmarin, Speik (Mischduft)
Geruchsklasse »würzig«: Gewürznelke, Muskat, Pfeffer

Duftnoten Damenparfüms (Auswahl):
Zitrone, Mandarine, Pfirsich, Limette, Krauseminze, Himbeere, Wacholder, Galbanum, Koriander, Muskateller-Salbei, Thymian, Orangenblüte, Majoran, Apfel, Mirabelle, Ananas, Estragon, Basilikum, Kumin, Pflaume, Melone, Erdbeere, Macis, Piment, Kokos, Pfeffer, schwarze Johannisbeere, Anis, Fichtennadel, Kamille, Beifuß, Kardamom, Cassis, römische Kamille, Muskateller, echte Kamille, Gewürzöle.

Herznoten (Auswahl):
Thymian, Pfirsich, Nelken, Nelkenblüten, Fichtennadel, Iriswurzel, Muskateller-Salbei, Orangenblüte, Melone, Tangerine, Honig, Himbeere, Pfirsich, Majoran, Klee, Zimt, Myrrhe, Piment, Muskatnuß, Zimtrinde.

Basisnoten (Auswahl):
Benzoe, Himbeere, Vanille, Myrrhe, Weihrauch, Honig, Zimt, Preubalsam, Heu.

(H+R Duftatlas, 1985)

Die gleichen Pflanzenauszüge werden in unterschiedlicher Zusammensetzung auch in Herrendüften verwendet.

Putz- und Waschmittel

Auch hier sind Querverbindungen zu potentiellen Nahrungsmittel-Allergenen herzustellen. Die meisten Probleme mit Putz- und Waschmitteln werden durch die Duftstoffe ausgelöst, die entweder an der Haut oder an den Atemwegen (Reizbronchitis, Reizasthma) zu Reaktionen führen. Auch hier ist weniger mehr. Kernseifen (weiß, ohne Kamillezusatz) eignen sich durchaus für die einfache Handpflege. Schmierseife kann für vielfältige Reinigungsmöglichkeiten ein sehr wenig allergenes Produkt sein. Putzmittel sollten nicht in Form von Sprays verwendet werden. Auch im Badezimmer sollte auf duftstoffhaltige Putzmittel und insbesondere Sprays verzichtet werden.

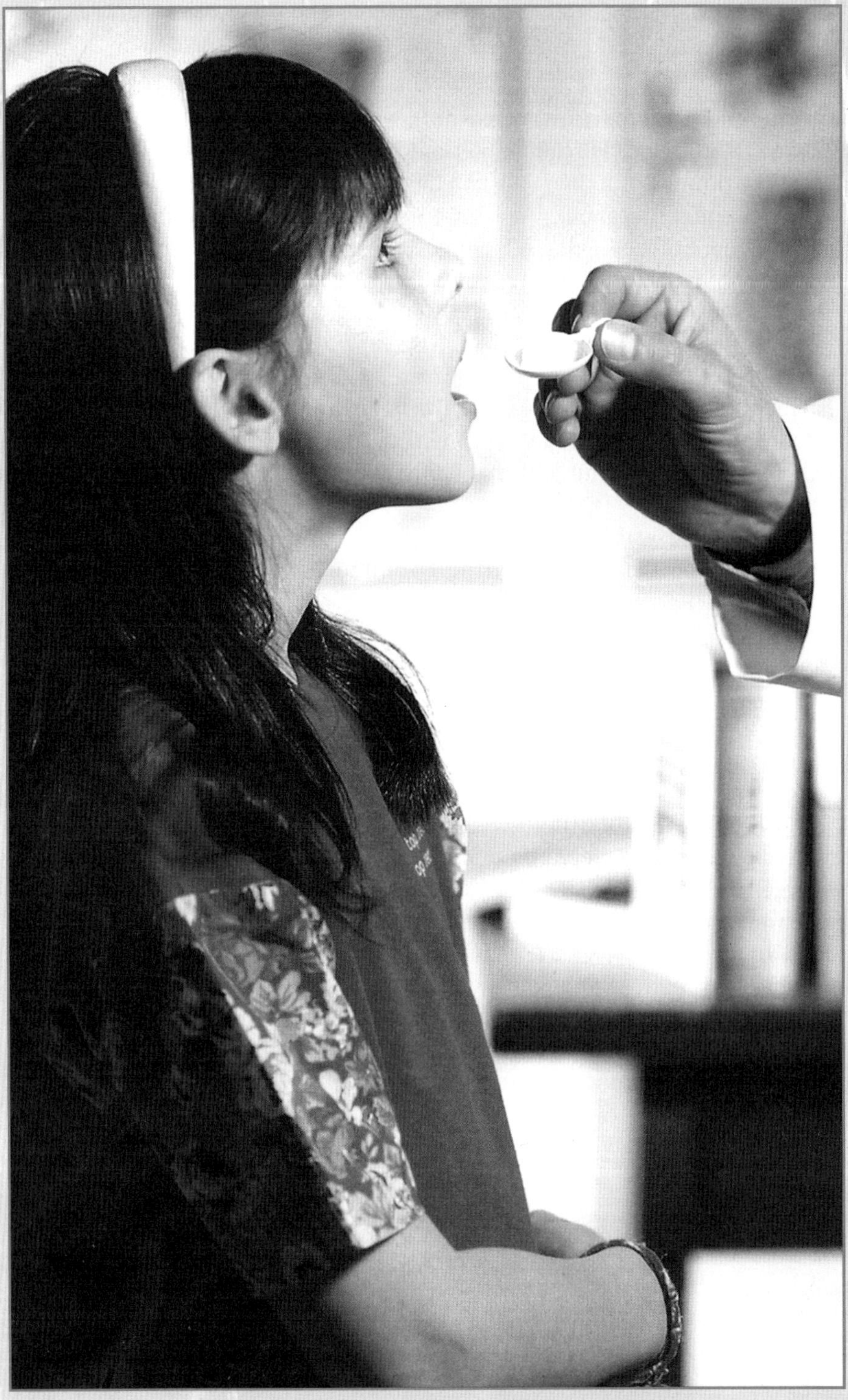

Impfungen bei Allergikern

Bei Allergikern müssen mögliche allergische Reaktionen durch Impfstoffe in Betracht gezogen werden. Allerdings sind Impfreaktionen selten geworden.

Unverträglichkeitsreaktionen im Zusammenhang mit Impfungen sind nicht immer eine allergische Reaktion. Es kann zu leichten Schwellungen an der Impfstelle kommen, zu leichtem Fieber, selten aber auch zu schweren allergischen Reaktionen, die im Einzelfalle auch bedrohlich werden können. Nichtallergische Unverträglichkeitsreaktionen können durch Bakterientoxine oder Zusatzstoffe in Impfstoffen Fieberreaktionen verursachen.

Die meisten allergischen Reaktionen werden mit Impfstoffen ausgelöst, die aus Geflügelembryonen gewonnen werden. Dies ist bei Patienten mit Hühnerei-Allergie zu beachten. Zu diesen Impfstoffen gehören Röteln, Grippe-Schutzimpfung, Mumps, Masern, Gelbfieber, Tollwut und Zecken-Schutzimpfung (FSME).

Früher wurden bei Patienten mit Hühnereisensibilisierung durch die Kombinationsimpfung von Masern, Röteln und Mumps in 3 bis 5 % allergische Reaktionen angegeben. Viele der Hühnerei-Allergiker reagierten also nicht auf die Impfung. Bei klinisch bedeutsamer Hühnerei-Allergie sind die Impfreaktionen durch diese kombinierte Impfung noch wesentlich seltener geworden, da die Präparate höher gereinigt sind. Besteht eine Allergie gegenüber dem Hauptallergen des Hühnereis (Ovalbumin), so kann in der Regel trotz positiven Hauttests mit geringeren Dosen des Impfstoffes in aufsteigender Konzentration geimpft werden. Der Hauttest mit Hühnereiextrakt läßt somit keine sichere Aussage über eine mögliche Unverträglichkeit von Impfstoffen zu, die auf Hühnereiembryonen gezogen wurden. Dennoch wird der Test als sinnvoll angesehen, da er aussagt, ob man in voller Dosis (negativer Hauttest) oder in kleinen Schritten (positiver Hauttest) impfen soll.

Impfungen gegen Typhus, früher in Form von Spritzen, wurden auf Hühnereiembryonen gezogen. Dabei kam es zur Überempfindlichkeitsreaktion, die bei der heute üblichen Schluckimpfung nicht beobachtet werden, auch nicht bei Hühnerei-Allergikern.

Wo können in Einzelfällen dennoch allergische Reaktionen auftreten?

Bei Neurodermitis wurden in Folge von Pocken-Schutzimpfungen bei etwa 2 % der Kinder durch die infektanfällige Haut ein schweres Ekzem ausgelöst. Bei schwerer Neurodermitis wird man also auf eine Pocken-Schutzimpfung verzichten.

Werden Tetanus-Impfungen zu oft durchgeführt, kommt es zu einer sogenannten Überimmunisierungsreaktion, die meistens mit starken Schwellungen am Impfort verbunden sind. Sie sind aber nicht auf eine allergische Reaktion oder auf Tetanus-Toxoide zurückzuführen. In diesem Zusammenhang ist anzumerken, daß Allergiker meist eine sehr gute Immunität haben und leicht »überimpft« werden können. Im Zweifel kann beispielsweise vor einer geplanten Tetanus-Impfung eine Antikörperbestimmung im Blut erfolgen. Sie gibt Auskunft darüber, ob ein ausreichender Impfschutz besteht oder ob nachgeimpft werden muß.

Bei manchen Impfungen werden Bakteriengifte (Toxine) zur Impfung eingesetzt. Um sie ungefährlich zu machen, werden sie in ihren Eigenschaften verändert. Man nennt sie dann Toxoide.

Allergische Reaktionen durch toxinähnliche Wirkungen (von Viren und Bakterien) sind nach Einsatz hochgereinigter Toxoide deutlich seltener geworden.

Allergische Reaktionen auf Toxoide, wie beispielsweise Diphtherie und Tetanus, werden mit einer Häufigkeit von 1:1 000 000 angegeben.

Durch Formaldehyd, das manchen Impfstoffen als wichtiger Bestandteil zugesetzt wird, kann in Einzelfällen eine allergische Reaktion auftreten. In der Regel wird jedoch keine Allergie gegen Formaldehyd gefunden.

Bakterielle Impfstoffe (Tuberkulose, Keuchhusten, Typhus) verursachen auch beim Allergiker, der über eine sehr gute Abwehrreaktion verfügt, nicht mehr allergische Reaktionen als bei der Gesamtbevölkerung. Schockähnliche Symptome sind bei Keuchhusten-Impfungen in einer Häufigkeit von 1:10 000 angegeben.

Virusimpfstoffe können durch Gewebebestandteile des Kulturmaterials, Zusatzstoffe und Fremdantigene in Einzelfällen allergische Reaktionen auslösen.

Bei der Entscheidung, ob eine Impfung durchgeführt wird oder nicht, muß man sich immer vor Augen halten, daß sie einen Schutz vor schweren Erkrankungen darstellen und somit nicht grundsätzlich abgelehnt werden sollten. Im Einzelfall sollte man jedoch mit Hilfe des Hausarztes Nutzen und Risiko erörtern. Eine sichere Vorhersage durch eine Hauttestung mit einem Impfstoff ist bislang noch nicht mit letzter Sicherheit möglich. Früher gab es auch allergische Reaktionen durch Impfstoffe infolge Penicillin- und Streptomycinresten, die den Gewebekulturen der Impfstoffe zugesetzt worden waren. In jüngster Zeit wird Neomycin zugesetzt, wobei es durch Impfungen äußerst selten zu Überempfindlichkeitsreaktionen kommt.

Aus diesen Bemerkungen ergeben sich folgende Empfehlungen für die Impfpraxis:

- **Tuberkulose-Impfung (BCG)**
  Die Empfehlung für die BCG-Impfung wird für Allergiker wie auch Nichtallergiker in gleicher Weise gestellt.
- **Diphtherie/Tetanus**
  Man geht derzeit davon aus, daß das Impfrisiko für Allergiker nicht wesentlich größer ist als das der Normalbevölkerung.
- **Keuchhusten (Pertussis)**
  Die Bedeutung der Keuchhusten-Impfung für einen ungünstigen Einfluß auf eine Neurodermitis wird diskutiert. Es gibt aber bislang keine eindeutigen Daten aus denen hervorgeht, daß Keuchhusten-Impfungen bei Allergikern nicht durchgeführt werden dürfen. Es wird daher derzeit die Entscheidung für oder gegen die Pertussis-Impfung nicht davon abhängig gemacht, ob die Person Allergiker ist oder nicht.
- **Polio-Schluckimpfung (Kinderlähmung)**
  Eine Impfung über die Haut wird bei Allergikern nicht empfohlen. Die Schluckimpfung hingegen wird von Allergikern sehr gut vertragen. Es besteht kein erhöhtes Risiko für allergische Reaktionen.
- **Masern-Röteln-Mumps-Impfung**
  Eine Allergiebereitschaft alleine reicht nicht aus, um sich gegen diese Impfung auszusprechen. In der Schweiz gibt es einen Impfstoff HDC, der frei von Hühnereiweißproteinen ist.

Für die Entscheidung für oder gegen eine Impfung sollte bei Allergierisikokindern immer eine Beratung mit einem allergologisch erfahrenen Arzt erfolgen. Ein Einzelfällen kann es sinnvoll sein, in Hygieneinstituten Impfungen zur Probe und Impfungen in kleinen Schritten durchführen zu lassen. Auf jeden Fall ist eine Einzelfallentscheidung meist sinnvoll.

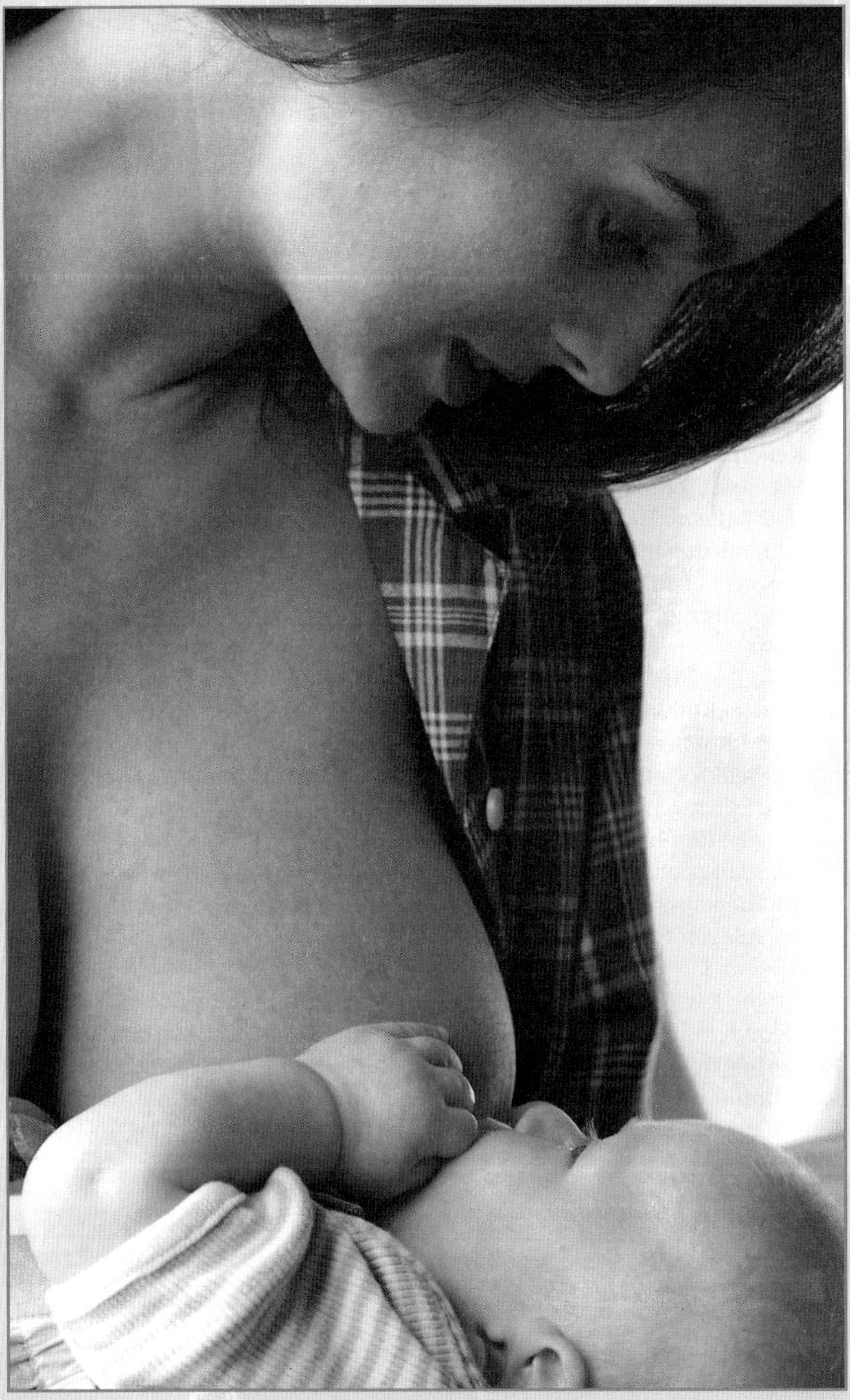

Die Vorbeugung von allergischen Erkrankungen

Wenn Allergiker – Mütter und Väter – Kinderwunsch haben, so stellt sich die Frage, inwieweit sich durch Vererbung auch beim Kind allergische Erkrankungen einstellen können. Eine Vorhersage ist natürlich nicht immer sicher möglich, wir verfügen nur über statistische Erfahrungen.

Leidet ein Elternteil unter einer allergischen Krankheit, so ist zu etwa 30 % damit zu rechnen, daß das Kind die Allergie*neigung* ererbt. Das bedeutet aber nicht, daß die Allergie auch tatsächlich ausbricht. Vergleichbar ist diese Aussage damit, daß in vielen Familien bestimmte Erkrankungen gehäuft auftreten, beispielsweise die Zuckerkrankheit, nicht jeder aber, der das Erbgut in sich trägt, muß erkranken. Ob und in welchem Umfang derjenige erkrankt, ist von vielfältigen äußeren Umständen abhängig. Das trifft in gleicher Weise auf das neugeborene Kind mit einer ererbten Allergieneigung zu.

Sind beide Elternteile Allergiker mit klinischen Krankheitsbildern gleicher Art, so ist zu etwa 70 % mit der Vererbung der Allergieneigung zu rechnen, wobei wiederum nicht jedes Kind erkranken muß, wenn es dieses Erbgut dann in sich trägt.

Leidet keiner der Elternteile an einer allergischen Erkrankung und ist auch diesbezüglich wenig in ihren Familien bekannt, so ist in etwa 10 % mit einer spontanen Allergierate zu rechnen.

Tabelle 22 Zusammenhang zwischen Allergien der Eltern und dem Allergierisiko des Kindes

Allergien bei Eltern und Geschwistern		Allergierisiko des Kindes
– beide Eltern sind Allergiker	gleiches Organ betroffen	72 %
	verschiedene Organe betroffen	21 %
– ein Elternteil ist Allergiker	mehr als 1 Organ betroffen	38 %
	nur 1 Organ betroffen	18 %
– nur Geschwister sind Allergiker		32 %
– weder Eltern noch Geschwister sind Allergiker		10 %

Man schätzt, daß in Deutschland etwa 5 % der Neugeborenen sogenannte Risiko-Allergiekinder sind. Sie haben Eltern, die mehrere allergische Erkrankungen haben, beispielsweise Heuschnupfen, Asthma und Neurodermitis. Für diese sogenannten Risikokinder gelten heute in Europa bestimmte Empfehlungen für vorbeugende Maßnahmen. Diese vorbeugenden Maßnahmen können die Entstehung einer allergischen Erkrankung zwar in der Regel nicht verhindern, sie können aber dazu beitragen, daß bestimmte Krankheitsbilder abgeschwächt oder wesentlich später auftreten. Für Säuglinge und Kleinkinder kann dies schon ein wesentlicher Vorteil sein. Wenn beispielsweise eine atopische Dermatitis (Neurodermitis, Ekzem) trotz sorgfältiger Allergie-Prävention auftritt, so verläuft sie in der Regel in einer wesentlich milderen Form.

Ein anderes Beispiel ist die Allergie gegen Tierhaare: Kinder mit hohem Allergierisiko werden wesentlich seltener, sicher auch in abgeschwächter Form allergische Reaktionen durch Tierhaare erleben, wenn sie nicht mit Tieren im Haushalt aufwachsen. Es kann also durchaus sein, daß ein Kind das Risiko eines Katzenhaarasthmas hat, dieses aber nie erleben wird, wenn es nur sehr selten Kontakt mit Katzen hat.

Die Allergie-Prävention beim neugeborenen Kind umfaßt allerdings nicht nur die Ernährung. Wird ausschließlich im Bereich der Ernährung Prävention betrieben, so kann dies völlig wirkungslos sein, wenn nicht auch im häuslichen Milieu und beim Lebensstil ein allergenarmes Umfeld berücksichtigt wird.

Nahrungsmittel-, Inhalations- und Kontaktallergene, schlechte Luftqualität und Nikotin (Zigarettenrauch) begünstigen einander in erheblichem Ausmaße, so daß eine Effektivität der Präventionsmaßnahmen nur dann erfolgreich ist, wenn alle relevanten Fakten gleichzeitig eliminiert werden.

Für das Entstehen allergischer Erkrankungen wird über die ererbte Anfälligkeit hinaus die Wirkung der Summe vielfältiger Umwelteinflüsse unter Einschluß der Ernährung verantwortlich gemacht. Im frühen Lebensalter gibt es offensichtlich Phasen, in denen Risikokinder besonders leicht zu sensibilisieren sind, das heißt, daß sich leicht Antikörper gegen Umweltallergene bilden. Bei Säuglingen ohne Allergieneigung im Erbgut scheinen diese Einflüsse eine wesentlich geringere Bedeutung zu haben.

Allergieprävention im Wohnbereich

Luftverschmutzung im weitesten Sinne, auch in Innenräumen, begünstigt bei Risikokindern die Entwicklung allergischer Erkrankungen sowohl der Atemwege wie auch der Haut. In erster Linie ist Zigarettenrauch zu nennen; Passivrauchen ist nachgewiesenermaßen für Allergie-Risikokinder ein wesentlicher Krankheitsauslöser. Aber auch die Umweltverschmutzung muß natürlich mitberücksichtigt werden.

Im häuslichen Milieu empfiehlt es sich daher, auf Zigarettenrauchen zu verzichten, es sollte auch kein Kaminholz verbrannt werden. Die Räume müssen regelmäßig gelüftet werden. Unsere Wohnungen sind durch die Verwendung von Dämmstoffen und festschließenden Fenstern so »dicht«, daß kaum noch ein Austausch mit der Außenluft stattfindet. Es sollte auch auf stark duftende Putz-, Wasch- und Körperpflegemittel (Sprays) grundsätzlich verzichtet werden. Gleiches gilt für Duftöle.

Das Allergie-Risikokind sollte in einem Milieu aufwachsen, das arm an Hausstaubmilben ist. Dies bedeutet eine vollsynthetische Bettausstattung, keine Federbetten, keine Wolldecken, auch wenn es noch so schwer fällt, auf Naturprodukte zu verzichten. Unsere gängigen Naturmaterialien (Bettfedern, Wildseide, Schafwolle u.a.) besiedeln sich sehr schnell mit Hausstaubmilben, eines der Hauptallergene für Asthma. Mindestens das Kinderzimmer sollte frei von Teppichen und Teppichböden sein. Wenn dennoch Teppiche ausgelegt werden, dann sollten sie synthetisch sein und häufig gewaschen werden. Ein wischbarer Fußboden ist am günstigsten. Schränke in Kinderzimmern sollten grundsätzlich mit Türen versehen sein, um einer Staubablagerung auf Spielzeug entgegenzuwirken. Spieltiere sollten niemals aus echten Fellen, sondern synthetisch sein; auch sie müssen oft gewaschen werden. Auch Polstermöbel aus Synthetik sind in bezug auf die Milbenbesiedlung günstiger als solche aus Naturstoffen.

Auch die Wahl der Wohnung, sofern möglich, soll überdacht werden. Wohnungen an Kreuzungen mit starkem Autoverkehr sind ungünstig. Allerdings sollte man auch nicht die Einwirkung von Pollen-Allergenen mitten auf der Wiese vernachlässigen. Regionen in der Nähe von Tannenwäldern sind wesentlich günstiger als in der Nähe von Getreidefeldern. Auch eine Gartengestaltung bedarf einer gewissen Überlegung. Bestimmte Pollen-Allergene fliegen allerdings mehrere 100 km weit, so daß der Effekt der eigenen Gartengestaltung (z.B. keine Birken- und Haselbäume) nur einen kleinen Teil ausmacht. Dieser kann aber wichtig werden, wenn ein Birkenbaum direkt vor dem Kinderzimmer steht.

Allergieprävention bei der Körperpflege

Unsere Industriegesellschaft bringt uns zunehmend zu der Annahme, daß unsere Kinder durch Chemikalien allergiekrank werden, insbesondere an der Haut. Dies trifft nur zum Teil zu. Die meisten Kontakt-Allergien auf der Haut, die beispielsweise bei Neurodermitis besonders ungünstig sind, werden durch Pflanzenstoffe in Körperpflegemitteln ausgelöst. So ist es nicht sinnvoll, daß Kinder in Soja- und Molkebädern baden, und daß Kuhmilchproteine sowie Kuhmilcheiweiße in Kinderpudern zu finden sind. Auch der Einsatz von Nahrungsmitteln in Körperpflegemitteln (Haselnußshampoo, Kamilleshampoo, Kräutershampoo, Kräutercremes, duftende Körpersalben) sind äußerst ungünstig und führen bei vielen Kindern mit Neurodermitis zu allergischen Hautreaktionen. Die Haut ist sehr empfindlich und kann sehr gut auch Nahrungsmittel-Allergene aufnehmen. Das Waschen mit Hühnereishampoo kann also durchaus eine Hühnerei-Allergie auf den Weg bringen. Die Liste der Beispiele ließe sich beliebig fortsetzen. Nahrungsmittel gehören nicht in Körperpflegeprodukte!

Die Körperpflege des Kindes sollte dem Zustand der Haut angepaßt sein, wobei medizinische Produkte der Naturkosmetik durchaus vorzuziehen sind. Für ekzemkranke Kinder und Erwachsene gibt es Produkte, die nur in der Apotheke erhältlich sind (z.B. von Roche-Posay), die möglichst wenig potentielle Allergene enthalten.

Vorsicht ist bei der Anwendung von Vaseline für Säuglinge und Kleinkinder geboten. Sie darf *niemals* auf die *ganze* Haut aufgetragen werden, da es zum Hitzestau kommen kann. Weiße Vaseline kann auf bestimmte empfindliche Stellen mit Ekzem aufgetragen werden, aber nur begrenzt. Gelbe Vaseline enthält z.B. schon wieder Kamille.

Naturprodukte sind für Allergiker häufig ungesund, da allergische Reaktionen überwiegend durch Naturstoffe ausgelöst werden. Das ist das Prinzip der Allergie!

Die Ernährung der werdenden Mutter

In Einzelfällen scheint es vorgekommen zu sein, daß Allergene durch den Mutterkuchen auf den Säugling übertragen wurden. Unter dem Aspekt der Vermeidung von Allergien bei Kindern gibt es eine Reihe von Empfehlungen für werdende Mütter. Viele dieser Empfehlungen haben jedoch keine wissenschaftliche Grundlage; es handelt sich um Ideologien und Glaubensbekenntnisse. So sollte die werdende Mutter, auch wenn sie selbst Allergikerin ist, ihre Ernährung im Interesse des ungeborenen Kindes nicht auf rein vegetarisch umstellen. Hier ist ein gutes Wissen vonnöten, um alle für die Entwicklung des Kindes wesentlichen Nährstoffe aufzunehmen. In Einzelfällen, was aber keinesfalls allgemeine Gültigkeit hat, kann es empfehlenswert sein, daß die werdende Mutter, wenn sie in der Vergangenheit selbst gegen Kuhmilch oder Hühnerei allergisch war, diese Produkte meidet. Es muß dann mit dem Ernährungsberater genau besprochen werden, welche Austauschprodukte sinnvoll und nötig sind. Die Sicherstellung der Ernährung des ungeborenen Kindes wie auch der Mutter muß immer Vorrang haben. Beim Überdenken möglicher Risiken darf dies nicht aus dem Auge verloren werden.

In Einzelfällen scheint es möglich zu sein, daß die Allergene über die Muttermilch auf das Kind übertragen werden. Dennoch sollte eine stillende Frau nur im Einzelfall nach Rücksprache mit einem allergologisch erfahrenen Arzt eine allergenarme Ernährung durchführen, die etwa frei von Kuhmilch, Fischen, Nüssen oder Eiern ist.

Ernährungsempfehlungen für Neugeborene, Säuglinge und Kleinkinder

Für die sogenannten Allergie-Risikokinder gelten in Europa folgende Ernährungsempfehlungen:

Neugeborene und Säuglinge

Es sollte so lange wie möglich gestillt werden (mindestens 4 bis 6 Monate), auch wenn die Muttermilch mancherorts eine gewisse Schadstoffbelastung aufweist. Die Muttermilch ist aber von so großem Nutzen für das Kind, da sie wichtige Abwehrstoffe (Immunglobuline) auf das Kind überträgt, so daß heute immer noch das Stillen die beste Ernährung des Säuglings darstellt. Es ist ja auch von der Natur so vorgegeben.

Während des 1. Lebensjahres sollten die Risikokinder keinerlei Kuhmilch erhalten, was strengstens überwacht werden muß. Auch wenn die Muttermilch in den ersten 24 Stunden nicht ausreichend einschießt, darf keine Kuhmilch gegeben werden. Jeder Tropfen Kuhmilch macht eine nachfolgende Allergie-Prävention sinnlos. Dabei ist darauf zu achten, daß auch keine Kuhmilchproteine über die Haut auf das Kind einwirken (Körperpflege, Kuhmilch in Medikamenten). Die Vitamin-D-Prophylaxe ist mittlerweile kuhmilchfrei. Laktose (Milchzucker) in Medikamenten ist kein Problem, da die Laktose kein Allergen darstellt.

Wenn die Muttermilch für die Ernährung des Kindes nicht ausreicht, empfiehlt es sich, auf im Handel erhältliche sogenannte »hypoallergene« Hydrolysat-Nahrungen auszuweichen. Bei der Herstellung solcher Hydrolysate kommt es durch Enzymeinwirkung zu einer Zerstörung der wesentlichen Allergenfraktionen der Kuhmilchproteine. Allerdings enthalten diese Produkte sogenannte Restantigene, was in ganz seltenen Fällen zu berücksichtigen ist. Eine Entscheidung darüber, welches Produkt ausgewählt wird, sollte für jedes Kind individuell in Übereinstimmung mit dem allergologisch behandelnden Kinderarzt getroffen werden.

Die folgende Tabelle zeigt eine Übersicht über einige handelsübliche Hydrolysat-Nahrungen, deren Ursprung aus Kasein und Molke, Soja und Rinderkollagen besteht.

Tabelle 23 »Hypoallergene« Säuglingsnahrung (Hydrolysate)

Handelsname	Eiweißquelle	Allergenverlust
Pregomin	Soja + Rinderkollagen	stark
Hipp H.A.	Molke	stark
Nutramigen	Kasein	stark
Pregestimil	Kasein	stark
Alfaré	Molke	stark
Profylac	Molke	stark
Beba H.A.	Molke	teilweise
Aptamil H.A.	Kasein + Molke	teilweise

Die hypoallergenen Hydrolysate schmecken oft nicht sehr freundlich, machen aber dem Kind in der Regel nichts aus, da die Geschmacksempfindungen des Säuglings begrenzt sind. Der Geschmack wird durch die Ernährungsgewohnheiten erst später geprägt, so daß durchaus Einfluß zu nehmen ist auf eine gesunde Ernährung über die Allergie-Prävention hinaus.

Beikost und Ernährung im 1. Lebensjahr

Es sollte also so lange wie möglich gestillt werden, mindestens für 4 bis 6 Monate. Im 1. Lebensjahr sollten Risikokinder frei von Kuhmilch, Hühnereiern, Fisch, Nüssen und Erdnuß ernährt werden. Die Beikost sollte verzögert eingeführt werden und sollte möglichst einfach sein. Die Fülle unserer Nahrungsmittel führt immer wieder zur Ausweitung des Ernährungsrepertoires im 1. Lebensjahr, was für die Allergie-Risikokinder, aber auch diejenigen, die ein leichteres Risiko haben, denkbar ungünstig ist. Man kann ein Kind über die Nahrung, wenn sie zu frühzeitig starke Allergene enthält, zum Allergiker machen. Weniger ist hier mehr!

Ein besonderes Problem stellt weiterhin die Gläschenkost dar. Sie ist zwar schadstoffkontrolliert, enthält aber häufig sehr starke Allergene, die im 1. Lebensjahr nicht erforderlich sind und das Risiko zunehmender Allergien beinhaltet. Man muß sich vor Augen halten, daß der Säugling und das Kleinkind keinerlei Einfluß auf die Herstellung solcher Gläschenkost nehmen kann. Sie wird ausschließlich so hergestellt, damit sie von Müttern gekauft wird. Baby's-Müsli, beispielsweise, ist ein denkbar ungünstiges Produkt, wenn es zu früh in die Nahrung eingeführt wird. Der Name und die Zusammensetzung vermitteln den Eindruck von Gesundheit im Zuge der zunehmend geschätzten Vollwertkost, enthält aber wesentlich mehr Allergene als erwünscht. Es ist in keinster Weise sinnvoll, daß Haselnüsse, Sellerie oder bestimmte exotische Früchte zu früh in die Babykost eingeführt werden.

Die Industrie verfolgt ihre Verkaufsinteressen, die sich nicht immer mit den Notwendigkeiten einer gesunden Ernährung für das möglicherweise allergiekranke Kind decken. Einige Hersteller gehen jetzt allerdings dazu über, die allergologischerseits erwünschten Monoprodukte (ein Obst, ein Gemüse) herzustellen. Dabei muß man die Produkte jedoch gelegentlich umdrehen, vorne steht z.B. Apfelmus und hinten auf der Rückseite ist nachzulesen, daß noch ein anderes Obst beigemischt ist.

Die Beikost sollte bei Risikokindern möglichst nicht vor dem 5. bis 6. Lebensmonat gegeben werden. Zu bevorzugende Gemüse sind gekochte Kartoffeln, Karotten, Brokkoli und Blumenkohl. Auch die Obstsorten sollten auf Birnen, Äpfel und Bananen beschränkt bleiben, wobei der Apfel eher leicht gedünstet werden sollte. Getreide sollten ebenfalls nicht allzufrüh in die Ernährung aufgenommen werden, zunächst im 5. bis 6. Monat Reis (milchfrei), dann Haferflocken ab dem 8. bis 9. Lebensmonat, auch Hirse und Weizenflocken sind möglich. Fleisch, das selten allergische Reaktionen auslöst, kann als wichtiger Eiweißträger schon ab dem 6./7. Lebensmonat in Form von Rindfleisch, Kalbfleisch, Lamm und Geflügel zugeführt werden. Soja ist ein überaus starkes Allergen. Es sollte möglichst im 1. Lebensjahr nicht eingesetzt werden, auch nicht als Ersatz für Kuhmilch. Es ist bekannt, daß Kinder mit Kuhmilch-Allergie nach Einsatz von Soja über kurz oder lang zu 65 % Soja-Allergiker werden.

Am besten ist es, wenn man die Beikost selbst herstellt. Der Zeitaufwand ist nicht groß, und im Zeitalter der Kühltruhe kann man sich seine eigenen Gläschen auf Vorrat herstellen und für Reisen und andere Gelegenheiten bereithalten. Wir sind ins 20. Jahrhundert ohne unsere Fertiggläschenkost gekommen, somit ist also nicht zu befürchten, daß die Kinder durch selbstzubereitete Kost Mangelerscheinungen erleiden.

Auch bei Säften sollte man berücksichtigen, daß Zitrusfrüchte ungünstig sind, und daß man besser Aprikosen-, Pfirsich-, Birnen- oder Bananensaft gibt.

Wenn keine Hinweise für eine Hühnerei-Allergie bestehen, kann ab dem 2. Lebensjahr Hühnerei, zunächst gekocht und in Spuren in die Nahrung eingearbeitet werden. Gleiches gilt für Kuhmilchprodukte, und zwar für Butter und Sahne. Zu einem späteren Zeitpunkt sollte bei Verträglichkeit evtentuell gekochte H-Milch gegeben werden.

Fische und Schalentiere sollten niemals vor dem 3. Lebensjahr gegeben werden. Auch auf Nüsse (Haselnuß, Walnuß, Mandeln) und insbesondere Erdnuß, eine Hülsenfrucht, sollte ebenfalls mindestens bis zum 2. oder 3. Lebensjahr verzichtet werden.

Dabei ergeben sich gelegentlich soziale Schwierigkeiten, beispielsweise bei Geburtstagen oder wenn Großmütter das nicht einsehen können, durch das Überangebot verschiedenster Snacks in Kaufläden und vieles andere mehr. Die Mutter muß überzeugt sein von der Richtigkeit ihrer Maßnahmen, dann klappt es in der Regel auch.

Überflüssige Verzichte sollte man dem Kinde allerdings auch nicht zumuten, und sich nicht zu sehr von gutgemeinten Meinungsäußerungen anderer beeinflussen lassen, die ihr Wissen aus Zeitungen, Fernsehen oder Dritte erworben haben. Auch bei einem Kind muß die Lebensqualität berücksichtigt werden.

Noch ein paar Worte zum Thema Zucker.

Zucker ist kein Allergen; es spricht also aus allergologischer Sicht nichts dafür, daß Zucker beim Säugling und Kleinkind weggelassen werden muß. Im Gegenteil, Kinder brauchen wegen ihrer Aktivität viele Kohlenhydrate, so daß auch Zucker nicht gestrichen werden darf. Ein Ersatz durch Honig kann fatal ausgehen, wenn es sich um ein gegen Pollen allergisches Kind handelt, denn Honig enthält Pollen. Wenn keine Weißmehl-Allergie vorliegt, muß auch Weißmehl nicht vermieden werden. Gleiches gilt für Schweinefleisch und verschiedene andere verschrieene Nahrungsmittel, die derzeit ohne Grund verteufelt werden.

Pepperoni
1.18

Die Erstellung des persönlichen Speiseplans

Eine sinnvolle Allergiediät, also die Vermeidung krankmachender Nahrungsmittel-Allergene oder eine sogenannte Intoleranzdiät (Vermeidung wesentlicher Zusatzstoffe oder Nahrungsmittel, die krankheitsauslösende Substanzen enthalten), bedarf auf jeden Fall zunächst einer ordentlichen Diagnose. Dazu sind folgende Schritte nötig, die ab Seite 51 genauer erklärt wurden:

1. Anamnese (Krankengeschichte) und ggf. Ernährungs- und Symptomenprotokoll.
2. Hauttests mit Allergenextrakten und ggf. frischen Nahrungsmitteln. Meist müssen verschiedene Testtechniken kombiniert werden: Prick-Test, Reib-Test, Scratch-Test, Intrakutan-Test.
3. Eventuell spezifische IgE-Bestimmung (Nachweis der Antikörper) je nach Allergen und Verdacht.
4. Liegen wenige Sensibilisierungen vor (positiver Haut- oder Bluttest), denen auch Beschwerden zugeordnet werden können (Anamnese, Protokoll), kann über drei Wochen eine Eliminationsdiät durchgeführt werden. Der Patient führt Protokoll.
5. Ist der Patient gegen eine Vielzahl von Nahrungsmitteln sensibilisiert, sollte über drei Wochen eine Quasi-Nulldiät oder eine erweiterte oligoantigene Diät zur Probe eingesetzt werden. Der Patient führt Protokoll.
6. Tritt eine unter diesen Maßnahmen überzeugende Besserung oder Beschwerdefreiheit ein, kann nachfolgend eine klassische Suchkost nach Werner, aber auch eine abgekürzte Suchkost (je nach Sensibilisierungsspektrum) eingeleitet werden.
7. Nach Abschluß der Diagnostik sollte es möglich sein, eine Erlaubtliste vom Arzt erstellen zu lassen.

Worauf beruhen die Diätempfehlungen?

Wenn es durch dieses diagnostische Verfahren gesichert ist, welche Nahrungsmittel oder Zusatzstoffe Symptome oder Krankheitsbilder auslösen, müssen für die anschließende Diätempfehlung weitere grundsätzliche Fragen beantwortet werden:

1. Welche Erkrankung liegt vor? (z.B. Asthma, Ekzem, Kopfschmerzen, Magen-Darm-Beschwerden)
2. Handelt es sich um ein gelegentlich auftretendes Krankheitsbild oder um eine chronische Erkrankung?

3. Ist bei wiederholtem Kontakt mit den Allergenen mit einer geringfügigen Symptomatik im Sinne einer bloßen Belästigung, mit einer mittelschweren oder gar lebensbedrohenden Erkrankung (anaphylaktischer Schock) zu rechnen?
4. Handelt es sich bei den Allergenen um notwendige Grundnahrungsmittel? (Unterschiede zwischen Kindern und Erwachsenen sind zu berücksichtigen.) Oder verstecken sich hier Allergene in Nahrungsmitteln, auf die man leicht verzichten kann?
5. Muß das Allergen/Pseudoallergen vollständig gemieden werden? Zusatzstoff-Intoleranzreaktionen sind dosisabhängig, Patienten haben Schwellenwerte, die sich bei Provokationsproben ermitteln lassen.
6. Welche Lebensmittel oder Zusatzstoffe bedrohen den Patienten?
7. Können die betreffenden Nahrungsmittel evtl. in anderer Darreichungsart (gekocht? in kleineren Mengen?) zugeführt werden?
8. Welche Nahrungsmittel sind im Hinblick auf vorbeugende Überlegungen zukünftig ebenfalls zu vermeiden (z. B. bei Pollen-Allergikern)?

Alle diese Fragen können nach ausreichender Diagnostik nur durch den Arzt beantwortet werden und stellen die Grundlinie dar, anhand derer die Empfehlungen für die Ernährung erarbeitet werden können. Die Aufgabe des Ernährungsberaters ist es, die Notwendigkeit einer Diät in eine realistische Ernährungsempfehlung umzusetzen. Müssen Grundnahrungsmittel gemieden werden, muß nach einem Ersatz gesucht werden, um alle notwendigen Nährstoffe zuzuführen. Fallen Lebensmittel weg, die für die Zubereitung von Speisen notwendig sind, muß auch hierfür ein Ersatz gefunden werden.

Wie schon mehrfach gesagt, ist es nicht empfehlenswert, die Nahrung ausschließlich anhand der Angaben des Patienten oder des Fragebogens oder Hauttests aufzubauen. Es kann durchaus der Fall sein, daß z. B. Kuhmilch nur in roher Form nicht vertragen wird, in gekochter Form aber gut. Bei Kuhmilch-Allergikern ohne Kasein-Sensibilisierung kann auf Milcharten anderer Tierspezies ausgewichen werden. Butter muß keinesfalls grundsätzlich vermieden werden, gelegentlich ist auch Sahne möglich.

Sind Verbotslisten sinnvoll?

Wenn die Diagnose gestellt ist, verlangen häufig Patienten nach sogenannten Verbotslisten, die die zu meidenden Nahrungsmittel nennen. Sind sie nicht individuell auf den Patienten abgestimmt, sind sie wenig hilfreich. Die Produkte sind heute nicht mehr konstant, die Zutatenlisten ändern sich ständig. Nach wenigen Monaten sind sie schon nicht mehr aktuell. Außerdem ist es äußerst schwierig, nach einer solchen Liste einkaufen zu gehen.

Es wäre daher wesentlich hilfreicher, wenn man vom Arzt eine Liste bekäme, welche Nahrungsmittel man in welcher Form oder ggf. gar nicht verzehren darf. Diese sogenannte Positivliste (»Erlaubtliste«) gibt wesentlich mehr Sicherheit für den Speiseplan. Folgende Fragen sollten Sie Ihrem Arzt unbedingt stellen:

1. Welche Nahrungs- und Genußmittel und welche Zusatzstoffe darf ich unter keinen Umständen – auch nicht in Spuren – verzehren?

2. Welche Nahrungs- und Genußmittel sowie sonstige Zutaten darf ich in unbegrenzter Menge und bei beliebiger Zubereitung verzehren?

3. Welche Nahrungs- und Genußmittel oder sonstige Zutaten darf ich in begrenztem Umfang zu mir nehmen (z.B. in kleineren Mengen als Kochhilfe oder Zusatz)? Wie groß dürfen die jeweiligen Mengen im Einzelfall sein?

4. Welche Nahrungsmittel darf ich in gekochtem, gebratenem oder anderweitig gegartem Zustand, aber niemals roh essen? Wie groß dürfen die jeweiligen Mengen sein?

5. Welche Nahrungsmittel darf ich evtl. in kleinen Mengen gelegentlich, aber nicht regelmäßig verzehren?

Die Grundlinien der Ernährung eines Allergikers

Die Konzeption der Ernährung für Allergiekranke sollte einerseits kurativ sein, das heißt, das berücksichtigen, was derzeit nicht verträglich ist; sie sollte auch innerhalb gewisser Grenzen vorbeugend sein. Beispielsweise wissen wir, daß Baumpollen-Allergiker, die meist als erstes an einer Apfel-Allergie erkranken, über kurz oder lang auch Haselnuß-Allergien erwerben. Wenn dies noch nicht der Fall ist, sollte man dem Patienten dies aber trotzdem schon sagen. Haselnüsse sollten dann möglichst selten verzehrt werden.

Bei der Konzeption des Speiseplanes muß auch auf die Lebensqualität geachtet werden. Nicht immer ist es erforderlich, ein bestimmtes Allergen in allen Konsequenzen bis hin zu Spuren zu vermeiden. Auch an küchentechnische Belange ist zu denken. Eine unbedingte Voraussetzung ist die Sicherstellung der Zufuhr von Fetten, Eiweiß, Kohlenhydraten, Vitaminen und Spurenelementen. Mitunter muß man kleine Kompromisse machen, diskrete Symptome in Kauf nehmen, um die Sicherstellung der Ernährung nicht zu gefährden. In den meisten Fällen ist dies möglich. Handelt es sich um Allergien aus der Grundversorgung (Brot, Milch, Eiweiß, Fleisch, Getreide, Obst und Gemüse), so muß gegebenenfalls mit Hilfe eines Ernährungsberaters nach Alternativen gesucht werden.

Folgende Grundlinien der Ernährung sollten verfolgt werden:

- **Die Nahrung sollte möglichst nur aus der eigenen Küche stammen.** Fertigprodukte und vorgefertigte Speisenhilfen sollten gemieden werden. Hunderte von Jahren wurde auf diese Weise gekocht und gegessen, im Zeitalter der Kühltruhe ist es auch durchaus möglich zu bevorraten. Es empfiehlt sich daher in größeren Einheiten zu kochen, zu portionieren und anschließend einzufrieren. Zusatzstoffe müssen im eigenen Haushalt nicht eingesetzt werden. Unsere modernen Ernährungsgewohnheiten mit »Ready Food«, vorfabrizierten Speisen und Speisenhilfen (Fertiggerichte, Soßen, Suppen etc.) verführen uns zu der Annahme, daß es nur so geht. Es geht aber auch anders, wenn wir uns zurückbesinnen auf die gute alte deutsche Hausmannskost, die für den Allergiker enorme Vorteile bietet. Sie muß keineswegs einseitig sein, sollte aber bestimmte Voraussetzungen erfüllen, die in den folgenden Punkten erläutert werden.

- **Die Zahl der täglich verzehrten Nahrungsmittel sollte begrenzt sein.** Schon alleine dadurch kommt es zu einer Allergenentlastung und einer weniger starken Anregung des Immunsystems für Abwehrreaktionen. So sollte also zum Beispiel nur eine Sorte Brot an einem Tag, eine Wurstsorte, eine Käsesorte, eine Beilage, ein Gemüse, ein Fleisch oder ein Fisch oder ein Ei verzehrt werden. Essen Sie Joghurt an einem Tag, Quark am anderen. An den Folgetagen einer Woche kann dann jeweils eine andere Brotsorte, ein anderes Fleisch, ein anderes Gemüse, eine andere Marmelade etc. ausgewählt werden. Diese Vorgehensweise wird unter dem Begriff Rotationsdiät zusammengefaßt. Man muß dabei nicht auf allzuviel verzichten, man sollte lediglich nicht alle verfügbaren Nahrungsmittel an einem Tag verzehren.

Seien Sie sparsam mit Gewürzen.
Unsere Fertigprodukte sind überwürzt und scheinbar vielfältig. In der Tat sind sie aber völlig einseitig, da fast alle Hersteller ähnliche Zutaten einsetzen. Zum Teil werden auch Zutaten verwendet, die noch nicht mal schmackhaft sind, z.B. Kartoffelsalat gewürzt mit Curry. Besinnen Sie sich auf die alten Gewohnheiten, nicht mehr als 2 bis 3 Gewürze pro Rezept einzusetzen. 5 bis 6 Gewürze reichen aus, um alle Speisen lecker zu würzen. So bleibt der Eigengeschmack der Grundzutaten viel besser erhalten, und nicht alles schmeckt nach Einheitssoßen. Verwenden Sie keine Würzmischungen!

Verzehren Sie überwiegend gegarte Kost.
Der überwiegende Anteil der Kost (60 %) sollte bei Allergikern leicht gegart oder gekocht werden, da Hitze viele Nahrungsmittel-Allergene in ihrer krankmachenden Wirkung zerstört oder abmildert. Dabei darf man sich nicht von vielfältigen Empfehlungen über eine sogenannte gesunde Ernährung irritieren lassen (z.B. Vollwertkost), denn diese ist bestimmten Allergikern (bei Pollen-Allergie) gar nicht zuträglich. Hier muß der Allergiker kompromißbereit sein. Die Kost des Allergikers ist grundsätzlich individuell; eine sogenannte »Allergiediät«, die auf jeden Patienten paßt, gibt es nicht. Eine vollwertige Kost muß auf jeden Fall angestrebt werden, d.h. es müssen alle lebensnotwendigen Nährstoffe in ausreichendem Maße zugeführt werden. Dabei muß von Patient zu Patient die individuelle Korrektur nach seinen eigenen Allergenen vorgenommen werden, was mit Hilfe des Arztes und des Ernährungsberaters geschehen kann.

Verzehren Sie Gemüse und Obst der Saison.
Wir haben heute die Möglichkeit, fast jedes Obst der Welt und fast jedes Gemüse unabhängig von ihrer entsprechenden Erntesaison zu verzehren. Dies ist für Allergiker grundsätzlich ungünstig, und es empfiehlt sich der Verzehr von Obst und Gemüse innerhalb der Saison, in der es geerntet wird.

Kochen Sie nährstoffschonend.
Die Auswahl des Kochgeschirrs ist für Allergiker insofern wichtig, als eine nährstoffschonende Zubereitungsmethode gewählt werden sollte und mit geeigneten Garmethoden der Geschmack des Nahrungsmittels erhalten bleibt. Die Zugabe von Gewürzen erübrigt sich dann. Mit der richtigen Technik kann auch auf andere Zutaten verzichtet werden.

- **Finger weg von ideologischen Diäten.**
  Ernährungsempfehlungen, die mehr ideologischen Charakter haben, also eher auf Glaubensbekenntnisse als auf wissenschaftlichen Untersuchungen beruhen, sind für den Allergiker nicht zuträglich. Sogenannte Immundiäten, Haysche Trennkost, Vollwertkost, Kost frei von Schweinefleisch, Weißmehl oder Zucker u.a. sind dem Allergiker nicht dienlich. Es gibt keine Allergiediät, die für alle Nahrungsmittel-Allergiepatienten geeignet ist. Der nahrungsmittelallergische Patient muß in Abhängigkeit von Art und Schwere des Symptoms oder Krankheitsbildes das vermeiden, was er nicht verträgt.

Diese Empfehlungen stellen sicher, daß keine ungewollte Allergenüberladung stattfindet, wie dies zum Beispiel durch den Verzehr vielfältiger Fertigprodukte aus Tüten oder Dosen geschehen kann. Einer der Hauptgründe für die Zunahme von Nahrungsmittel-Allergien liegt darin, daß die Zahl der verschiedenen pro Tag verzehrten Nahrungsmittel bei unkontrolliertem Verzehr zunehmend größer wird. Unter Berücksichtigung dieser Empfehlungen bleibt die Nahrung von Tag zu Tag überschaubar, ist aber deswegen nicht einseitig, da ein stetiger Wechsel von Tag zu Tag stattfindet.

Außerhausverpflegung

Wenn jemand gegen ein oder zwei Nahrungsmittel allergisch ist (z.B. eine Obst- oder Gemüsesorte, Fisch), dann spielt das meistens keine besondere Rolle für die Außerhausverpflegung, wenn es sich nicht um Grundnahrungsmittel handelt. Der Patient wird in der Regel auch bei Außerhausverpflegung, evtl. nach Rücksprachen mit dem Koch, in Restaurants, Kantinen und Mensa gut zurechtkommen.

Schwierig wird es, wenn es sich um Grundnahrungsmittel wie Hühnereier, Milch oder Getreide handelt, insbesondere dann, wenn sie auch für Soßen (für Fleisch, Gemüse oder Salat), Suppen oder Nachspeisen verwendet werden. Patienten mit vielfältigen oder auch sehr bedrohlichen Nahrungsmittel-Allergien sind oft gezwungen, auf Außerhausverpflegung jedweder Art zu verzichten. Mitunter ist man doch nicht besonders »gut angesehen«, wenn man im Lokal nach den Inhaltsstoffen der Speisen fragt. Nur wenige Zutaten müssen in Restaurants deklariert werden; bei einigen Zusatzstoffen, beispielsweise Konservierungsmitteln, ist es gesetzlich vorgeschrieben.

Für manche Patienten kann es durchaus gut möglich sein, seine Speisen im Lokal aus der Karte auszuwählen und alles in ungewürzter Form zu bestellen, z.B. Bratkartoffeln, ein Fleisch ohne Panade und Soße, ein gekochtes Gemüse ohne Soße. Bei Salaten sollte man sich die Lebensform der Italiener und Franzosen zunutze machen; Salate werden erst am Tisch mit Essig, Öl, Salz, Pfeffer und Zucker selbst angemacht. So mancher Allergiker muß also auf Genuß verzichten, wenn er mit Freunden ausgehen möchte. Viele meiner Patienten haben jedoch mittlerweile Stammlokale und ein gutes Verhältnis zum Koch, so daß auch ein Restaurantbesuch durchaus klappen kann.

In gleicher Weise braucht man auch eine »Stamm-Metzgerei« und einen »Stamm-Bäcker«; weiß der Bäcker, warum man hartnäckig nach den Zutaten des Brotes fragt, wird er sicher Verständnis haben und sich bemühen, Auskunft zu geben. Man kann dann auch meist Rezepte erfahren und gegebenenfalls auch einen Metzger oder Bäcker finden, der bei größerer Mengenabnahme genau das herstellt, was man unter Vermeidung bestimmter Substanzen (z.B. bestimmte Gewürze, Kräuter, Nüsse oder Samen) an Brot, Kuchen und Wurst essen kann.

Dennoch wird es immer wieder Patienten geben, die gezwungen sind, sich mit einem belegten Brot über den Mittag hinwegzuretten und zu Hause am Abend eine warme Mahlzeit selbst zu kochen.

Kochtechnik für Allergiker

Die Beschränkung der Zahl der zum Verzehr geeigneten Lebensmittel macht es notwendig, sich über geeignetes Kochgeschirr zu unterhalten. Für manche Patienten sind einige Nahrungsmittel nicht in roher Form zum Verzehr geeignet, können aber durchaus gekocht oder gedünstet angeboten werden. Die für manche Menschen geltende Beschränkung der möglichen Gewürze kann durch entsprechendes Kochgeschirr, das den Geschmack erhält und Vitamine und Mineralstoffe nicht zerstört, ausgeglichen werden.

Ein weiteres Problem ergibt sich häufig dadurch, daß die Ernährung des Allergikers etwas zeitaufwendiger ist. Auch das läßt sich durch geeignetes Kochgeschirr zum Teil wieder ausgleichen, auch die Zubereitung größerer Portionen mit nachträglicher Portionierung zum Einfrieren spart Zeit.

Besonders geeignet ist der **Ton- oder Römertopf**, wobei je ein Topf für Fisch und Fleisch erforderlich wird. Schaltet man eine Zeituhr ein, muß der Kochvorgang kaum überwacht werden, die Speisen werden im eigenen Saft geschmort oder gekocht, so daß wegen des kräftigen Eigengeschmacks von Fleisch, Fisch und Gemüse kaum Gewürze zugegeben werden müssen.

Dampfkochtöpfe bieten ähnliche Vorteile, der Garvorgang muß auch kaum beaufsichtigt werden. Aus der verbleibenden Flüssigkeit kann später eine Brühe oder ein Fond als Grundlage für eine Suppe oder Soße hergestellt werden.

In der **Mikrowelle** lassen sich hervorragend verschiedenste Eintöpfe herstellen, auf manche Zutat kann hier verzichtet werden.

Der **Wok**, eine große Metallpfanne aus China, eignet sich für viele Nahrungsmittel hervorragend: Auch hier werden Vitamine weitgehend erhalten, das Gemüse bleibt sehr schmackhaft und knackig, nur wenige Würzzutaten sind erforderlich. Mit dem Wok kann der Allergiker auch sehr gut Gäste bekochen.

Auch ein **Raclette** ermöglicht ein Gästeessen, bei dem sich auch der Allergiker diejenigen Zutaten einzeln auswählen kann, die er bei einem reich gedeckten Tisch für Gäste verträgt.

Weiterführende Bücher

Achenbach, R.K.: Neurodermitis. Ratgeber zur Vorbeugung, Behandlung und Hautpflege der Neurodermitis (atopisches Ekzem). Informationen zu Heuschnupfen und allergischem Asthma. TRIAS, Stuttgart 1996

Betz-Hiller, A.: Zöliakie – na und? Sinnvoll leben und mit Freude essen trotz Unverträglichkeit gegen Klebereiweiß (Gluten). TRIAS, Stuttgart 1996

Borelli, S.; von Mayenburg, J.; Polster, E.: Nahrungsmittel-Allergien – so ernähren Sie sich richtig. Falken Verlag, Niedernhausen 1989

Bustorf-Hirsch, M.: Haltbarmachen mit natürlichen Konservierungsmethoden. Falken Verlag, Niedernhausen 1993

Ernährungsberichte 1988 und 1992 (erscheinen alle 4 Jahre). Zu beziehen über die Deutsche Gesellschaft für Ernährung, Adresse siehe S. 198

Fuchs, E.: Allergie – was tun? Ein Experte berät. Serie Gesundheit Piper, München 1992

Grüne Liste. Verzeichnis diätetischer und diätgeeigneter Lebensmittel. Zu beziehen über den Buchhandel oder über den Diätverband.

Niessen, K.-H.: Ernährung des Säuglings. Ernährung mit Muttermilch. Industriell gefertigte Säuglingsmilchen. Beikost im ersten Lebensjahr. Akute Durchfallerkrankungen. TRIAS, Stuttgart 1995

Niggemann, B.; Wahn, U.: Das allergische Kind. Wie Eltern helfen können. TRIAS, Stuttgart 1994

Nolte, D.: Asthma. Behandlung. TRIAS, Stuttgart 1995

Pilgram, T.; Dahl, E.: Die aktuelle E-Zusatzstoff-Tabelle. Falken Verlag, Niedernhausen 1992

Szczepanski, R.; Schon, M.; Lob-Corzilius, T.: Das juckt uns nicht! Ein Lern- und Lesebuch für Kinder mit Neurodermitis und ihre Eltern. TRIAS, Stuttgart 1994

Theilling, S.; Szczepanski, R.; Lob-Corzilius, T.: Der Luftikus für Kinder mit Asthma. Ein fröhliches Lern- und Lesebuch für Kinder und Eltern. TRIAS, Stuttgart 1996

Thiel, Ch.; Ilies, A.: Kochen und Backen mit Nahrungsmittel-Allergie. Falken Verlag, Niedernhausen 1994

Thiel, Ch.: Ernährung und Allergie. In: Huth; Kluthe: Lehrbuch der Ernährungstherapie. Georg Thieme Verlag, Stuttgart 1995

Adressen, die weiterhelfen

- **Deutsche Gesellschaft für Ernährung**
  Im Vogelsgesang 40
  60488 Frankfurt/M.
  Tel. 0 69 / 9 76 80 30

- **Arbeitsgemeinschaft allergiekrankes Kind – Hilfen für Kinder mit Asthma, Ekzem (Neurodermitis) und Heuschnupfen – (AAK) e.V.**
  Hauptstraße 29
  35745 Herborn
  Tel. 0 27 72 / 92 87 30
  Fax: 0 27 72 / 92 87 48

- **Allergiker- und Asthmatikerbund e.V.**
  Hindenburgstraße 110
  41061 Mönchengladbach
  Tel. 0 21 61 / 18 30 24

- **Deutscher Neurodermitiker Bund e.V.**
  Spaldinstraße 210
  20097 Hamburg
  Tel. 0 40 / 23 08 10

- **Deutsche Zöliakie-Gesellschaft e.V.**
  Filderhauptstraße 61
  70599 Stuttgart
  Tel. 07 11 / 45 45 14

Adressen für Pollenallergiker

- **Pollenfluginformationsdienst**
  Burgstraße 12
  33175 Bad Lippspringe
  Tel. 0 52 52 / 93 12 03

- **Europäischer Pollenflug HNO-Universitätsklinik, Aerobiologie, Allergieambulanz**
  Wahringer Gürtel 18 – 20
  A-0190 Wien
  Tel. 0 04 31 / 40 40 00

Dank

Ich danke Frau Waltraud Ochs für ihren unermüdlichen Einsatz bei der Erstellung des Manuskriptes.

Sachverzeichnis

THIEME
HIPPOKRATES
ENKE
TRIAS
Medizin
für jedermann
Fragen und Antworten
Dr. med.
Robert E.
Rothenberg
Herausgegeben
und
bearbeitet von
Prof. Dr. med.
H.S. Füeßl
Buchtip
für Sie

Das große Gesundheits-Buch für die ganze Familie

- Hier finden Sie klare Antworten auf über 7.500 wichtige Fragen zu Medizin und Gesundheit.

- Alle Informationen im übersichtlichen Frage-Antwort-Stil: von Allerwelts-Erkrankungen bis zu Spezial-Operationen.

- Sie finden sich sofort zurecht durch die praktische Gliederung und das detaillierte Sachregister.

TRIAS Verlag
Rüdigerstraße 14
70469 Stuttgart
Tel. 07 11 / 89 31 - 0
Fax 07 11 / 89 31 - 5 63

TRIAS
Gesundheit & Lebenshilfe